PALAIS DE SAINT-CLOUD

RÉSIDENCE IMPÉRIALE

Paris. — Imp. Poupart-Davyl et Cie, rue du Bac, 30.

PALAIS DE St CLOUD

1er Etage

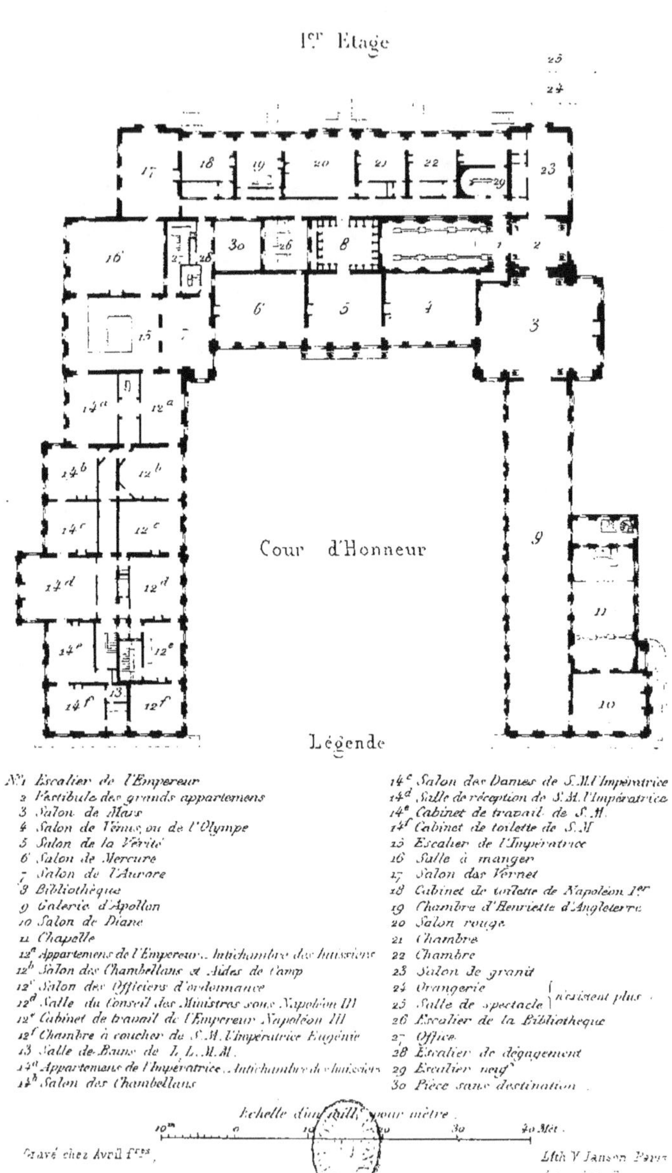

Légende

N°1 Escalier de l'Empereur
2 Vestibule des grands appartemens
3 Salon de Mars
4 Salon de Vénus, ou de l'Olympe
5 Salon de la Vérité
6 Salon de Mercure
7 Salon de l'Aurore
8 Bibliothèque
9 Galerie d'Apollon
10 Salon de Diane
11 Chapelle
12ª Appartemens de l'Empereur.. Antichambre des huissiers
12ᵇ Salon des Chambellans et Aides de camp
12ᶜ Salon des Officiers d'ordonnance
12ᵈ Salle du Conseil des Ministres sous Napoléon III
12ᵉ Cabinet de travail de l'Empereur Napoléon III
12ᶠ Chambre à coucher de S. M. l'Impératrice Eugénie
13 Salle de Bains de L. L. M. M.
14ª Appartemens de l'Impératrice.. Antichambre des huissiers
14ᵇ Salon des Chambellans
14ᶜ Salon des Dames de S. M. l'Impératrice
14ᵈ Salle de réception de S. M. l'Impératrice
14ᵉ Cabinet de travail de S. M.
14ᶠ Cabinet de toilette de S. M.
15 Escalier de l'Impératrice
16 Salle à manger
17 Salon des Vernet
18 Cabinet de toilette de Napoléon 1er
19 Chambre d'Henriette d'Angleterre
20 Salon rouge
21 Chambre
22 Chambre
23 Salon de granit
24 Orangerie
25 Salle de spectacle } n'existent plus
26 Escalier de la Bibliothèque
27 Office
28 Escalier de dégagement
29 Escalier neuf
30 Pièce sans destination

Echelle d'un millim. pour mètre

10ᵐ   0   10   20   30   40 Mét.

Gravé chez Avril Frères,

Lith. V. Janson Paris

PALAIS DE SAINT-CLOUD

RÉSIDENCE IMPÉRIALE

PAR

MM. PHILIPPE DE SAINT-ALBIN

Bibliothécaire de S. M. l'Impératrice

ET

ARMAND DURANTIN

PARIS

LIBRAIRIE CENTRALE

21, BOULEVARD DES ITALIENS, 21

1864

A SA MAJESTÉ NAPOLÉON III

Empereur des Français

Sire,

Votre Majesté a daigné m'ordonner d'écrire
l'histoire de son palais de Saint-Cloud.

J'ai l'honneur de lui remettre ce travail, en
la remerciant de la confiance qu'Elle a bien voulu
me témoigner.

Je suis avec le plus profond respect,

Sire,

De Votre Majesté,

Le très-humble & très-fidèle sujet,

PHILIPPE DE SAINT-ALBIN,

Bibliothécaire de S. M. l'Impératrice.

La première préoccupation d'un étranger qui visite un palais riche en souvenirs historiques, c'est de chercher à connaître les événements qui s'y sont passés, et ce qu'il demande surtout au livre qui lui sert de *cicerone*, c'est le récit simple, lucide et fidèle de tous les faits qui se sont accomplis dans la pièce même où il se trouve.

Nos patientes recherches dans les journaux, les mémoires et les chroniques des contemporains nous permettent d'affirmer que les événements, placés par nous dans tel ou tel salon, se sont déroulés là et non ailleurs; nous avons puisé aux sources les plus authentiques.

C'est donc l'*histoire topographique* du palais de Saint-Cloud que nous écrivons, l'histoire de chacune de ses pièces isolément, et si les étrangers, en parcourant ses merveilleux salons, approuvent le plan de cet ouvrage, nous serons heureux d'en reporter très-respectueusement tout l'honneur à la haute pensée qui l'a conçu, et qui nous a permis de l'exécuter.

PHILIPPE DE SAINT-ALBIN, ARMAND DURANTIN.

HISTORIQUE

DU

PALAIS DE SAINT-CLOUD

———

Avant de faire connaître l'histoire de chaque salle en particulier, jetons un rapide coup d'œil sur le passé de Saint-Cloud, et retraçons, en quelques traits, les principaux événements qui se sont accomplis dans cette magnifique résidence.

Sur l'emplacement occupé maintenant par le château ou à peu près, s'élevait, au XVIe siècle, une jolie villa, bâtie dans le goût italien, par la famille florentine de Gondi, qui avait suivi, à la cour de France, la fortune de Catherine de Médicis.

La veuve de Henri II, la mère de trois rois, avait octroyé à son féal écuyer Jérôme de Gondi ce beau domaine, fort arrondi par la réunion de l'hôtel d'Aulnay, acheté de Jean Roville en 1572.

Plus tard, la propriété était passée entre les mains de Barthélemy Hervard, contrôleur général des finances, chargé jadis, par Mazarin, de sonder ce que pesait la conscience du prince de Condé.

Riche et fastueux, Hervard avait acheté la villa de Gondi un million ; il avait dépensé le double en embellissements, et le traitant, aussi vaniteux qu'imprudent, rêva la faveur d'une visite royale.

Fort bien en cour, ayant aidé souvent Mazarin de ses services, il parvint à obtenir que le cardinal-ministre lui amenât Louis XIV et son frère, le duc d'Orléans. La collation qu'il eut l'insigne honneur de leur offrir lui coûta cher.

Le 24 octobre 1658, le Roi, *Monsieur* et Ma-

zarin réalisèrent enfin le songe doré du financier, en venant passer la journée dans la maison
de Gondi, qui fit jouer, pour eux, ses cascades
féeriques et s'inonda de feux et d'illuminations
merveilleuses, du moins au dire des chroniques
du temps.

Lorsque la dernière gerbe du feu d'artifice fut
éteinte, Louis XIV et son frère prirent congé de
leur hôte, s'éloignèrent suivis de la cour et des
mousquetaires ; mais Mazarin resta.

Il débuta par des compliments sur la fête, et
vanta beaucoup la fortune de son hôte, de ce ton
fin et demi-railleur qui donne à penser.

Or, la conscience du contrôleur général n'étant
pas parfaitement nette en matière de finances,
Hervard entrevit, à la suite de ce sourire, qu'il
connaissait de longue date, des poursuites, des
restitutions, la ruine peut-être.

Il pensa que le mieux était de se faire petit,
et d'amoindrir sa fortune.

— Combien vous coûte ce palais, demanda le
cardinal ? Douze ou quinze cent mille livres ? Et
le peuple se plaint !...

— Oh ! bien moins, s'écria le contrôleur effrayé.

— Un million ?

— Moins, encore moins.

— Deux cent mille écus alors ?... fit Mazarin. Et les finances du Roi sont obérées !...

— Monseigneur, je ne suis pas en état de faire une aussi grosse dépense, répondit Hervard éperdu.

— Mais enfin, à combien vous revient cette maison ?

— A cent mille écus, balbutia le Turcaret.

— Bien, très-bien, reprit alors le ministre en se levant ; cent mille écus, n'est-ce pas ?

— Oui, monseigneur.

Le carrosse de Mazarin avait déjà traversé le fameux pont de Saint-Cloud, qui valut à Satan la peau d'un chat au lieu de l'âme d'un chrétien, que le malheureux Hervard se demandait encore :

— Cent mille écus !... Pourquoi avoir tant insisté ?... Enfin il ignore que tout ceci m'a coûté plus de deux millions.

Le lendemain matin, le cardinal-ministre adressait au financier une cassette et un parchemin.

La cassette renfermait cent mille écus.

Le parchemin était un contrat de la vente faite par le sieur Hervard au Roi, qui désirait acquérir la maison de Gondi pour *Monsieur*.

Le tout lui fut apporté par M⁰ *Mouffle*, notaire royal, et son confrère M⁰ *Lefoin*. Il fallut se résigner et signer ; mais il est probable que le contrôleur général n'engagea plus Mazarin à déjeuner. Le *Dictionnaire d'anecdotes* qui nous livre cette historiette est muet sur ce sujet.

La Villa de Gondi fut alors démolie par ordre du duc d'Orléans ; le seul souvenir qui nous en reste consiste dans la curieuse gravure d'*Israël Silvestre.*

C'est dans la maison de Gondi que Henri III tomba sous le poignard du Jacobin Jacques Clément, le 1ᵉʳ août 1589.

Henri III, qui accordait trop de confiance aux moines, s'était dirigé, avec Jacques Clément, vers une embrasure de fenêtre. Le visiteur, surveillé de loin par MM. de Bellegarde et de Laguesle, se prosterna et remit au roi un billet d'Achille de Harlay, ainsi que le raconte *M. de Laguesle, procureur général du parlement, dans une lettre écrite à l'un de ses amis, sur le sujet de la mort du roi Henri III, et reproduite dans le journal du règne de ce prince, tome 1er, pages 124 et suivantes.*

Tandis que l'attention du prince était concentrée sur ce papier, le religieux saisit vivement un couteau, qu'il tenait caché dans sa manche, et porta au Roi un coup tellement violent dans le bas-ventre, que les entrailles sortirent avec le sang.

Henri III s'écria :

— Malheureux ! que t'ai-je fait pour m'assassiner ?

Et retirant l'arme de la plaie, il en frappa le régicide au front.

A ses cris, on accourt. M. de Laguesle renverse l'assassin d'un coup d'épée ; les quarante-cinq ordinaires l'achèvent à coups de dague, et jettent son corps par une fenêtre dans la cour d'honneur.

Comme tous les crimes politiques, celui-ci ne servit en rien l'idée qui l'avait enfanté. C'est au nom de la religion catholique que Henri III fut frappé, et c'est un prince protestant qui recueillit les fruits de cet odieux attentat.

Dans son *Histoire du Valois*, Carlier rapporte que le cœur et les entrailles de Henri III furent enterrés secrètement dans l'église de Saint-Cloud par les soins de Benoise, fidèle serviteur et secrétaire du cabinet du feu roi.

Après que Henri IV fut monté sur le trône, Benoise fit placer une épitaphe au-dessus de cette sépulture, et fonda, dans la même église, une messe anniversaire à perpétuité pour le repos de l'âme de Henri III.

Tout à côté de l'*Hôtel de Gondi*, au bas de la grande cascade, s'élevait la maison du *Tillet*, réunie depuis au palais de Saint-Cloud.

Henri de Bourbon s'y établit comme roi de France et de Navarre. Il y prit le deuil, et fit tendre ses appartements en violet.

Tel était alors l'état de ses finances que l'on fut réduit à enlever de l'hôtel de Gondi les tapisseries et ameublements qui avaient servi au deuil de Catherine de Médicis, et de les porter à la *maison du Tillet*.

Un arrêt royal, daté de cette même habitation, ordonne que le corps de Jacques Clément, après avoir été tiré à quatre chevaux, sera brûlé et ses cendres jetées dans la Seine. La première partie de cet arrêt fut exécutée sur la place de l'église collégiale de Saint-Cloud, en présence du sieur Duplessis, grand prévôt.

En opposition à cette sentence, nous voyons que l'*effigie du régicide fut exposée sur les autels à la vénération des fidèles, et que son éloge, l'éloge d'un assassin! fut fait, en plein consistoire, par le pape Sixte-Quint.*

Il en avait été de même, en 1584, lors du meurtre de Guillaume de Nassau, prince d'Orange, frappé par Balthazard Gérard, comme il sortait de table, dans son palais de Delft, en Hollande. Un recueil des plus rares, édité par les soins du parti catholique, et que nous avons consulté à la Bibliothèque impériale de Paris, fait l'apologie de ce forfait et *compare l'assassin au Christ*. Ce document porte pour titre : « *Les cruels et horribles torments de Balthazar Gérard, Bourguigno, vrai martyr, soufferts en l'exécution de sa glorieuse et mémorable mort, pour avoir tué Guillaume de Nassau, ennemi de son roi et de l'Église catholique (1)*. »

Le quatrième jour d'août 1789, le prince de Conti, les ducs de Montpensier, de Longueville et de Montbazon, le maréchal de Biron et l'élite de la noblesse française vinrent reconnaître et proclamer pour leur roi Henri quatrième.

Chose étrange ! ce même palais de Saint-Cloud était destiné à voir tout à la fois l'alpha et l'oméga de la maison de Bourbon : Henri IV et Charles X.

A l'époque où *Monsieur*, frère de Louis XIV,

---

(1) Bibliothèque impériale de Paris. — Recueil de 1589. Z. — 2284. — Z. d. 1502. Ce même livre, très-curieux et presque unique, renferme aussi « le bref recueil de l'assassinat commis en la personne du très-illustre prince, Mgr le prince d'Orange, comte de Nassau, marquis de la Vere, etc., par Jean Jauregui, Espagnol, en 1582. »

prit possession de cette résidence, voici de quelles diverses acquisitions elle se composait ; nous puisons ces renseignements dans *les Archives de la couronne :*

1° *La maison de Gondi*, achetée à Barthélemy Hervard, contrôleur général des finances, par contrat du 25 octobre 1658, passé devant Mouffle et Lefoin, notaires à Paris, moyennant 240,000 livres ;

2° *La maison du Tillet*, acquise du sieur Martin, trésorier de la marine, par contrat du 29 mai 1659, moyennant 60,000 livres ;

3° Une maison appartenant au sieur Duverdier, vendue 39,000 livres, par contrat passé devant Gigault, le 12 décembre 1673 ;

4° Une autre maison acquise du duc de Charost, par contrat passé devant Béchet, le 13 novembre 1683, moyennant 66,000 livres, et le fief de Villeneuve, vendu par la dame de Saint-André, par contrat passé devant Bellanger, le 25 octobre 1695, moyennant 57,200 livres ;

5° Diverses acquisitions de maisons et terrains. Enfin, pour faciliter l'agrandissement du parc, Louis XIV fit don à *Monsieur*, par lettres patentes de décembre 1678, de 31 arpents 67 perches de terres sur le haut de la montagne, derrière les murs du parc de Saint-Cloud, et aussi par lettres patentes de décembre 1677, Sa Majesté donna encore à *Monsieur* la moitié de la seigneurie de Sèvres. Le prince y joignit le fief de l'*arpent franc*, une parcelle de terre appelée *la pièce des Rivières*, acquise du sieur de Longueil ; une maison sise à Sèvres, appartenant au sieur Monnerot, et plusieurs autres à Marne, Saint-Cloud et Ville-d'Avray.

La totalité de ces diverses acquisitions se monte à 1,456 arpents, d'après le plan rédigé par Legrand, en 1736, des palais, jardin, parcs et dépendances de Saint-Cloud.

Nous ne retraçons ici que l'histoire générale de cette résidence impériale ; chaque fait particulier trouvera sa place au chapitre consacré à la pièce où ce fait se sera produit.

Après être resté plus d'un siècle dans la famille d'Orléans, Saint-Cloud fut vendu, le 24 octobre 1784, par Louis-Philippe d'Orléans, fils de

Louis, qui avait épousé secrètement la marquise de Montesson.

Blessée du peu d'égards que la cour lui accordait, la marquise fit donner le Palais-Royal au duc de Chartres et livrer Saint-Cloud à Marie-Antoinette, moyennant la somme de six millions.

Ensuite, elle se retira, ainsi que le duc, à Sainte-Assise, château bâti par Louis-Philippe d'Orléans, sur les bords de la Seine, entre Corbeil et Melun.

Marie-Antoinette confia sa nouvelle acquisition à son architecte Micque ; les fossés furent comblés, une nouvelle chapelle élevée ; par malheur, le beau salon d'Armide disparut, entraînant, dans son désastre, le plafond de M. Pierre qui représentait les cinq actes de l'opéra d'*Armide*.

Ce que la jeune reine cherchait, c'était, avant tout, d'échapper à l'étiquette. De là ces jolis boudoirs bourgeoisement décorés avec les toiles peintes de Jouy, et ces meubles coquets si peu en rapport avec le style sévère des grands appartements.

Pendant les jours agités de la révolution, Saint-Cloud est délaissé jusqu'à l'heure où le général Bonaparte y crée le berceau de sa dynastie. La physionomie du château, assombrie durant la terreur, change alors tout à coup ; Saint-Cloud retrouve sa splendeur passée après les événements des 18 et 19 brumaire ; il devient la résidence d'été du premier Consul, voit disparaître les boudoirs de l'architecte Micque, et se bâtir une nouvelle salle de spectacle à l'extrémité de l'Orangerie.

Bientôt la France vient offrir, dans la *galerie d'Apollon*, le manteau impérial au nouveau César, par les mains des grands corps de l'État. La révolution est terminée, l'anarchie détruite, la France redoutée et admirée, florissante et fière de son chef, et elle donne la puissance suprême à celui qui l'a placée à la tête des nations. Saint-Cloud est associé aux phases les plus heureuses de la vie du nouvel Empereur ; les chancelleries de l'Europe disent le Cabinet de Saint-Cloud, comme autrefois le Cabinet de Versailles.

Hélas ! 1814 et 1815 arrivent ! sombres et douloureuses années ! Les hordes étrangères envahissent la France. Le prince de Schwartzemberg respecte ce beau séjour de Saint-Cloud, où il établit son quartier général ; mais un Blucher, la honte de l'armée prussienne, se venge de ses défaites en saccageant la résidence de l'homme qui l'a si souvent vaincu. Il se couche tout habillé dans le lit de Napoléon ; il se plaît à déchirer de ses éperons les draperies impériales, et il laisse la meute de chiens qui le suit partout dévaster les chambres et mettre en lambeaux les livres précieux de la bibliothèque, jetés pêle-mêle sur le parquet.

Enfin *nos amis les ennemis*, comme disait alors le peuple dans son opposition sourde et railleuse, se retirent, et les Bourbons s'empressent de faire disparaître les traces du passage de leurs alliés. Par les ordres de Louis XVIII, on construit, en 1818, des écuries pour les gardes du corps, et en 1820, on termine la nouvelle église commencée par Marie-Antoinette.

C'est à Saint-Cloud que Charles X signa les

Ordonnances de juillet, et M. de Sémonville vint répéter à ce prince la sentence terrible de M. de Shonen à la commission municipale : *Il est trop tard !*

Deux ans après, le roi Louis-Philippe quittait Saint-Cloud pour comprimer l'insurrection de 1832; il y rentrait en disant, d'après M. Vatout:

« La république et la contre-révolution sont vaincues ! »

Février 1848 n'a pas fait de ces paroles une prophétie.

Ce fut dans ce même palais de Saint-Cloud, qui semble si intimement lié à toutes les prospérités de la dynastie napoléonienne, que le prince-président de la seconde république reçut les grands corps de l'État venant lui offrir la couronne impériale, dans cette *galerie d'Apollon* où, un demi-siècle auparavant, le premier Consul avait été proclamé Empereur des Français. Nous avons placé le récit de ce mémorable événement au chapitre consacré à la galerie d'Apollon.

Depuis cette époque, le palais de Saint-Cloud

a recouvré son ancienne splendeur, car l'Empereur Napoléon III paraît l'avoir adopté pour sa résidence d'été favorite. Il va bien, chaque année, habiter Compiègne et Fontainebleau, Plombières et Biarritz, mais, s'il quitte Saint-Cloud, il y revient sans cesse comme vers un séjour de prédilection.

Aussi est-il peu d'événements importants, depuis dix ans, dont ce palais ne puisse réclamer sa part.

En 1855, l'Empereur, se trouvant à Saint-Cloud, y reçut la nouvelle de la prise de Malakoff, par une dépêche du général Pélissier, datée de Varna, 9 septembre, et adressée à S. Exc. le Ministre de la guerre. Les réduits de Malakoff et le redan du carénage venaient d'être enlevés, ce même jour, à midi, par nos braves soldats, aux cris de : *Vive l'Empereur!*

Le 12 septembre 1855, l'Empereur récompensait la vaillante armée de Crimée dans la personne de son chef, en signant, à Saint-Cloud, le décret qui élevait le général de division Pélissier à la dignité de maréchal de France.

Deux mois plus tard, l'un des princes alliés de la France dans cette formidable entreprise de Crimée, le roi Victor-Emmanuel, débarquait à Marseille, le 22 novembre 1855, s'arrêtait à Lyon, qui lui avait préparé une magnifique réception, et recevait de la population parisienne l'accueil le plus chaleureux pendant que ses troupes faisaient, à côté des nôtres, des prodiges de valeur.

De puissantes considérations politiques, qui ne rentrent pas dans les limites de notre cadre, avaient engagé le roi de Piémont à former cette alliance avec l'Empire français; elles sont exposées avec un rare talent par M. Charles de La Varenne, dans son dernier ouvrage, *Le Roi Victor-Emmanuel.*

Le futur roi d'Italie fut reçu aux Tuileries, et visita le Palais de Saint-Cloud.

Le 1ᵉʳ juin 1856, l'Empereur habitait cette dernière résidence, lorsque la nouvelle des inondations du midi de la France lui parvint.

N'écoutant que la voix de son cœur, spontanément, sans se laisser arrêter par aucune considération, l'Empereur partit sur-le-champ, accompagné seulement de deux ou trois personnes, et avec une telle précipitation qu'il dut monter dans un wagon ordinaire.

A huit heures et demie du soir, il entrait à Dijon.

La nuit arrivant, le danger d'aller au delà sur la voie ferrée parut assez menaçant aux ingénieurs de la ligne pour qu'ils se refusassent à laisser Sa Majesté continuer sa route avant le jour. Malgré ses instances, l'Empereur fut forcé de coucher à Dijon.

Le lendemain matin, à sept heures, Sa Majesté quittait cette ville, saluée par les acclamations de la foule qui se pressait depuis son hôtel jusqu'à la gare.

Arrivé à Lyon, l'Empereur, accompagné de M. Rouher, ministre de l'agriculture, du commerce et des travaux publics; de M. le maréchal comte de Castellane, de M. le sénateur Vaïsse, de MM. les généraux Niel et Fleury, de M. le marquis de Puységur, du directeur général des ponts et chaussées et des chemins de fer, et des ingénieurs de service, parcourut à cheval les parties de la ville qui avaient le plus souffert.

Sa Majesté visita les brèches faites aux deux digues du Rhône, et par lesquelles le fleuve avait fait irruption, l'avenue de Saxe, le cours Lafayette et le cours Bourbon jusqu'à la Guillotière.

Dans ce long trajet, l'Empereur dut traverser plusieurs parties des chaussées couvertes par les eaux. C'était un spectacle émouvant et sublime que celui de ces populations réunies autour des débris de leurs habitations renversées, et se livrant à des transports d'enthousiasme et de reconnaissance pour la généreuse pensée qui avait amené leur Souverain au milieu d'elles. Les maisons se trouvèrent pavoisées comme par miracle, et Sa Majesté, profondément émue, distribua personnellement de nombreux secours.

L'Empereur, par un décret du 1er juin, ordonna qu'une somme de trois cent mille francs serait affectée sur-le-champ aux victimes de l'inondation.

Il remit, en outre, à M. le sénateur Vaïsse,

chargé de l'administration du département du Rhône, une somme de cent mille francs, prise sur sa cassette particulière, pour être distribuée aux familles pauvres qui avaient le plus souffert.

Vingt-cinq mille francs furent également donnés par Lui au préfet de l'Isère, pour secourir les inondés de ce département.

Entre Lyon et Valence, l'Empereur s'arrêta dans toutes les villes frappées par l'inondation.

Il remit à Vienne dix mille francs; aux Roches-de-Condrieu, deux mille; à Tain, cinq mille; à Tournon, deux mille; à Valence, vingt mille; et vingt mille pour les inondés du département de la Drôme.

De Valence, Sa Majesté gagna Avignon; mais Elle ne put y pénétrer qu'en bateau. Là aussi, Elle laissa les traces de son inépuisable générosité, et les sommes ainsi distribuées, avec autant de discernement que de bonté, s'élèvent à plus d'un million.

Pendant que l'Empereur portait ses consolations et ses secours, l'Impératrice, émue comme Lui de tant d'infortunes, fit ouvrir immédiatement une souscription pour les soulager, et envoya vingt mille francs en son nom, et dix mille francs pour le Prince Impérial. Grâce à cette puissante initiative, la France entière, et même les souverains et les nations étrangères adressèrent de précieuses offrandes aux nombreuses victimes des inondations.

La plus grande partie d'Avignon était couverte par les eaux ; l'Empereur voulut tout visiter, et dut monter dans un bateau, malgré de véritables dangers. Il en fut de même à Tarascon, où Sa Majesté parcourut en bateau cinq kilomètres de champs submergés au milieu d'arbres, de murs écroulés qui menaçaient de briser sa frêle embarcation.

Les habitants étaient refugiés dans les étages supérieurs de leurs maisons baignées par les eaux. Nous renonçons à décrire l'enthousiasme et la reconnaissance excitées dans cette population par la visite inattendue de l'Empereur.

Rentré à Saint-Cloud le 5 juin, Sa Majesté e quitta le 6 pour porter d'autres secours et l'appui moral de sa présence aux inondés de la Loire.

Elle visita Orléans, Blois, Tours, puis Nantes, Laval, Angers, où les ouvriers des ardoisières, leurs femmes et leurs enfants, groupés sur les hauteurs, accueillirent son passage aux cris enthousiastes de : *Vive l'Empereur!*

La visite de Sa Majesté dans les départements inondés produisit sur les populations désolées une impression que nous sommes impuissants à pouvoir rendre.

Le cœur de Napoléon III ne le trompait pas en lui inspirant la pensée de courir spontanément sur le théâtre des désastres pour y exercer la plus douce prérogative de la puissance, celle de consoler le malheur.

Aussitôt l'Empereur de retour, Leurs Majestés Impériales quittèrent Saint-Cloud pour venir s'établir pendant quelques jours aux Tuileries, d'où Elles se rendirent à Notre-Dame à l'occasion du baptême de S. A. le Prince Impérial, né le dimanche 16 mars 1856, à trois heures du matin. Leurs Majestés revinrent au palais de Saint-Cloud aussitôt après cette auguste cérémonie.

En 1857, S. M. le Roi de Bavière, arrivé à Fontainebleau le 17 mai et logé aux Tuileries, fit une courte apparition le 4 juin au château de Saint-Cloud, et le 5 août suivant, S. M. l'Empereur quittait cette belle résidence avec l'Impératrice pour aller à Osborne rendre visite à S. M. la Reine d'Angleterre.

Le 12 août 1857, paraissait, daté de Saint-Cloud, un décret qui remplissait de joie les survivants de la merveilleuse épopée impériale en instituant la médaille de Saint-Hélène.

Ce décret est ainsi conçu :

« Voulant honorer, par une distinction spéciale, les militaires qui ont combattu sous les drapeaux de la France dans les grandes guerres de 1792 à 1815,

« Avons décrété et décrétons ce qui suit :

« Art. 1er. — Une médaille commémorative est donnée à tous les militaires français et étrangers des armées de terre et de mer qui ont combattu sous nos drapeaux de 1792 à 1815. Cette médaille sera en bronze et portera, d'un côté, l'effigie de l'Empereur, de l'autre, pour légende : *Campagnes de 1792 à 1815, à ses compagnons de gloire sa dernière pensée, 5 mai 1821.*

« Elle sera portée à la boutonnière, suspendue par un ruban vert et rouge. »

Le 14 août, l'Empereur quitta Saint-Cloud pour les Tuileries, afin de faire, en personne, l'inauguration solennelle du nouveau Louvre, cette œuvre nationale commencée par François 1er, embellie par Henri II et terminée par Napoléon III.

En 1858, LL. MM. l'Empereur et l'Impératrice, et S. A. le Prince Impérial n'arrivèrent à Saint-Cloud que le 20 juin ; huit jours après l'Empereur partait pour Plombières, puis il allait visiter les travaux d'installation du camp de Châlons, pendant que S. M. l'Impératrice et S. A. le Prince Impérial continuaient d'habiter le palais de Saint-Cloud.

Le 3 août, l'Empereur et l'Impératrice quittaient cette résidence, et parcouraient la Normandie et la Bretagne, au milieu des acclamations des populations accourues sur leur passage, et le 21 août, Leurs Majestés rentraient dans Saint-Cloud, émues de l'enthousiasme qu'Elles avaient rencontré sur leur route.

1859 vient de sonner, année féconde pour les destinées de la France, qui va s'augmenter de nouveaux territoires, grande année aussi pour son souverain, qui s'apprête à donner au monde entier le rare spectacle d'un vainqueur s'arrêtant au milieu d'une série continue de victoires et offrant la paix à un ennemi écrasé.

A la nouvelle de l'invasion du territoire sarde par 150,000 Autrichiens marchant droit sur Turin, l'Empereur avait envoyé en toute hâte 120,000 hommes au secours de son allié de Crimée, et lui-même quittait Paris le 10 mai. Jamais le tableau sublime et touchant de ce départ ne sortira de notre mémoire. Ceux qui, comme nous, ont vu l'Empereur traverser sa capitale ce jour-là se rappelleront éternellement l'attitude émue de la population accourue de toutes parts et se pressant autour de la voiture impériale en faisant retentir l'air des acclamations les plus enthousiastes. Les larmes baignaient les visages, les voix étaient tremblantes d'émotion. Ce n'était pas un cortége ordinaire que celui de cette foule se pressant sur les pas de son souverain ; il y avait mieux, il y avait une famille qui venait donner un suprême adieu à son chef, à son père, qui l'accompagnait de ses plus ardentes sympathies et lui promettait son or jusqu'à la dernière pièce et le sang de ses enfants jusqu'à la dernière goutte pour chasser de ses frontières le puissant étranger qui les eût menacées s'il fût parvenu à détruire le Piémont.

Durant cette courte et magnifique campagne d'Italie commencée glorieusement à Palestro par le Roi Victor-Emmanuel, et terminée par l'Empreur à Solferino, S. M. l'Impératrice, nommée Régente de l'Empire, habita presque constamment Saint-Cloud avec le Prince Impérial.

Le 4 juin, Elle reçut les maires, les conseillers municipaux, les curés des communes voisines, les officiers de la garde nationale et du régiment de la garde ; S. A. le Prince Impérial assistait à cette réception.

Le 18 juin parut un décret instituant, sous la présidence de l'Impératrice Régente, un comité chargé de centraliser le produit des sommes offertes dans le but de venir en aide aux blessés et aux familles de militaires et marins tués ou blessés à l'armée d'Italie, et de diriger l'emploi de ces dons. Ce décret, daté de Saint-Cloud, se termine ainsi :

« Pour l'Empereur

« Et en vertu des pouvoirs qu'Il Nous a confiés,

« EUGÉNIE. »

Ce décret nommait comme membres du comité :

S. M. l'Impératrice Régente,
S. A. I. la princesse Marie-Clotilde-Napoléon,

S. A. I. la princesse Mathilde,

Madame la maréchale comtesse Vaillant,

Madame la maréchale duchesse de Malakoff,

Madame la maréchale comtesse Randon,

Madame la maréchale duchesse de Magenta,

Madame la maréchale comtesse Regnauld de Saint-Jean-d'Angély,

Madame l'amirale Parseval-Deschènes,

Madame l'amirale Hamelin,

S. Em. Monseigneur le cardinal archevèque de Paris,

M. le comte de Germiny, gouverneur de la Banque de France,

M. le baron Barbier, intendant de la 1re division militaire,

M. Davennes, directeur de l'Assistance publique.

Les troupes françaises venaient de passer le Mincio ; le quartier général était venu s'établir à Valeggio. Les deux armées sarde et française n'attendaient qu'un signal pour continuer leur œuvre d'émancipation et arracher aux Autrichiens le quadrilatère et Venise, lorsque l'Empereur, cédant à des considérations politiques dont son admirable discours (que nous reproduisons dans le chapitre consacré au *Salon de Mars*) nous donnera la clef, crut devoir offrir la paix à l'empereur d'Autriche. Cette paix fut signée le 11 juillet à Valleggio.

Le 13 juillet, les membres du corps diplomatique s'empressèrent de venir individuellement offrir leurs félicitations à S. M. l'Impératrice Régente.

Le 16 juillet, l'Empereur rentrait au palais de Saint-Cloud, où Il entendait la messe à midi ; et, malgré le plus strict incognito, Il avait reçu partout, sur la route, les témoignages les plus chaleureux de l'admiration et de la sympathie des populations heureuses et fières de saluer le vainqueur de Magenta et de Solferino.

Le 20 juillet, les grands corps de l'État, le corps diplomatique et les hauts dignitaires furent reçus par S. M. l'Empereur, entouré des grands officiers de service et ayant auprès de lui S. Exc. le Ministre des affaires étrangères.

Nous retraçons le tableau de ces réceptions dans les chapitres consacrés aux salons où elles ont eu lieu.

Le 6 août suivant, l'Empereur partit pour le camp de Châlons, revint le 10 et quitta de nouveau Saint-Cloud avec S. M. l'Impératrice, pour se rendre dans les Hautes-Pyrénées.

Chaque année apporte à l'émotion publique de nouveaux aliments, de nouveaux dangers pour la paix du monde.

Le mois d'août 1860 venait à peine de commencer lorsque les horribles massacres de Syrie furent connus en France. Il n'y eut qu'un cri d'indignation pour flétrir le fanatisme religieux des Musulmans et qu'une voix pour bénir le courage déployé, dans ces terribles journées, par l'émir Abd-el-Kader. Entouré de ses Algériens, l'émir lutta toute une semaine contre une armée de forcenés ivres de sang, de pillage, soutenus en secret par des chefs turcs se croyant assurés de l'impunité et ne respectant ni la vieillesse ni l'enfance. Pendant ces longues heures d'incendie, de carnage, Abd-el-Kader réussit à sauver dix à douze mille malheureux chrétiens ; il leur donna un asile, des vêtements et du pain. Il recueillit les membres de la communauté des Lazaristes et les sœurs de Charité, dont les couvents brûlaient encore ; enfin, sans sa tutélaire intervention, pas un chrétien peut-être n'eût échappé à la mort.

Un décret daté de Saint-Cloud, 5 août, élève l'émir à la dignité de grand-croix de l'ordre impérial de la Légion d'honneur, — « *voulant donner à l'émir Abd-el-Kader*, dit le décret, *un témoignage du sentiment que nous a inspiré* sa noble conduite à Damas. » Ce décret est contre-signé par M. Thouvenel, ministre secrétaire d'État au département des affaires étrangères.

Deux ans plus tard, M. Thouvenel se retirait devant des nécessités politiques, emportant dans sa retraite l'estime de tous pour la loyauté de son caractère et sa capacité hors ligne.

Une de ces lettres qui savent trouver le chemin du cœur qu'elles sont chargées de consoler et dont l'Empereur a le secret partait du palais de Saint-Cloud pour porter à M. Thouvenel la haute expression de l'estime et de l'attachement de Sa Majesté pour son ancien ministre. Cette lettre, nous la reproduisons :

« Saint-Cloud, le 15 octobre 1862.

« Mon cher monsieur Thouvenel, dans l'intérêt même de la politique de conciliation que vous avez loyalement servie, j'ai dû vous remplacer au ministère des affaires étrangères ; mais, en me décidant à me séparer d'un homme qui m'a donné tant de preuves de son dévouement, je tiens à lui dire que mon estime et ma confiance en lui n'en sont nullement altérées.

« Je suis persuadé que, dans toutes les positions que vous occuperez, je pourrai compter sur vos lumières comme sur votre attachement, et je vous prie, de votre côté, de croire toujours à ma sincère amitié.

« NAPOLÉON. »

Cette même année 1862, l'Empereur et l'Impératrice étaient partis de Saint-Cloud où Ils avaient laissé le Prince Impérial, et Ils avaient consacré une partie de l'été à visiter, avec le plus bienveillant intérêt, les départements de la Nièvre, du Puy-de-Dôme et du Cher. De là l'Empereur avait gagné Vichy ; tandis que S. M. l'Impératrice se rendait à Saint-Cloud auprès du jeune Prince.

En 1863, Leurs Majestés et S. A. le Prince Impérial n'arrivèrent à Saint-Cloud, le 7 juillet, que pour le quitter, l'Empereur se rendant de Fontainebleau à Vichy, et S. M. l'Impératrice allant le rejoindre le 23 juillet.

Le 14 août eut lieu, comme chaque année à l'occasion de la fête de l'Empereur, un bal fort brillant, avec l'intermède d'un feu d'artifice, où furent conviés un petit nombre d'invités. Il n'est pas parlé de cette fête dans le *Moniteur*.

C'est encore de Saint-Cloud que l'Empereur, accompagné de S. A. le Prince Impérial, s'est rendu, cette même année 1863, au camp de Châlons, le 17 août ; Sa Majesté et Son Altesse Impériale revinrent au palais de Saint-Cloud le 26 août, suivies de S. A. R. le prince de

Hohenzolern, de S. A. R. le prince Antoine et de S. A. le prince Murat, ainsi que de S. Exc. le maréchal O'Donnell, duc de Tétouan, et du général Hamilton, de l'armée anglaise.

Comme on vient de le voir dans cette esquisse rapide des principaux événements qui se sont passés au palais de Saint-Cloud, cette résidence s'est trouvée associée à tous les grands drames de notre histoire. Nous n'avons dû faire entrer, dans ce récit général, que les faits qu'il était impossible de rattacher avec certitude à tel ou tel salon.

Les autres, le lecteur les rencontrera sur son chemin, en arrivant à la pièce où ils se sont déroulés.

En tête de l'ouvrage, nous avons placé un plan du premier étage.

C'est là que sont situés les *grands apparte-ments*, les plus intéressants, et les seuls que le public soit admis à visiter.

Sur ce plan, à chaque pièce, se trouve un numéro se rapportant à un même numéro d'ordre indiqué dans la légende explicative placée

au bas; de cette façon, tout visiteur, fût-il sans
guide et complétement étranger au palais,
pourra le parcourir et connaître l'histoire de
chaque salon sans crainte de se tromper.

Pour que notre plan soit parfaitement exact,
nous avons pris le soin de le faire graver d'après
un plan établi par l'Administration du domaine
de la Couronne.

ESCALIER DE L'EMPEREUR

Orné de colonnes de marbre d'une rare élégance, cet escalier, situé dans le corps de logis central au fond de la cour d'honneur, s'élève sur l'emplacement de l'ancienne chapelle. Il a été construit par Micque, architecte de la reine Marie-Antoinette.

En 1838, le roi Louis-Philippe fit décorer à nouveau cette partie du palais.

On y remarque :

L'Innocence, *statue en marbre de Guillois (François-Pierre).*

GLADIATEUR MOURANT, *statue en marbre d'après l'antique, par Julien (Pierre).*

EPAMINONDAS, *statue en marbre, par Bridau (Pierre-Charles).*

Vases en marbre avec figures, par Mazeline (Pierre).

Vases en marbre représentant, l'un une chasse, l'autre un sacrifice à Diane.

Bustes en marbre d'après l'antique, par le Lorrain (Robert).

Par les soins de l'Empereur Napoléon III, l'admirable *Sapho* de Pradier, qui figurait au salon de 1852, a pris sa place parmi ces chefs-d'œuvre de la sculpture.

Nous avons dit que l'ancienne chapelle, bâtie par le frère de Louis XIV, occupait le vaste vaisseau où se trouve l'escalier d'honneur actuel ; retraçons rapidement les événements qui s'accomplirent dans ce temple si vite disparu.

En 1673, ses portes s'étaient ouvertes pour le baptême du duc de Valois, Alexandre-Louis d'Orléans, né à Saint-Cloud et mort au Palais-Royal à l'âge de trois ans.

Le régent fut également baptisé dans cette chapelle. Il était né à Saint-Cloud le 2 août 1674.

Sa sœur, mademoiselle de Chartres, Elisabeth-Charlotte d'Orléans, plus tard duchesse de Lorraine et de Bar, et mère de François Ier, empereur d'Allemagne et époux de Marie-Thérèse, y reçut aussi le baptême.

Après la mort de Marie-Thérèse, sa femme, Louis XIV venait souvent à Saint-Cloud pleurer au pied des autels la reine si longtemps délaissée.

Le 27 août 1698, le Roi, les princes du sang, Jacques II et sa femme, la duchesse de Bourgogne, toute-la cour enfin, assistèrent au baptême de mademoiselle de Chartres.

A la mort de *Monsieur* on célébra une messe en musique.

Sur l'autel, on voyait une descente de croix, et au-dessus le Dieu des chrétiens peint par Mignard.

Deux statues de marbre blanc figuraient, entre les quatre colonnes de l'autel, la Vierge portant son fils et saint Jean-Baptiste.

Au bas se trouvaient les armoiries du cardinal de Richelieu.

Au-dessus des marches de l'escalier on a placé récemment un fort beau tableau de Muller, représentant la réception de S. M. la Reine Victoria par LL. MM. l'Empereur et l'Impératrice.

N° 2

PREMIER ÉTAGE

—

VESTIBULE DES GRANDS APPARTEMENTS

—

Le plafond est dû au pinceau de *Charles Audran.*

Cette peinture allégorique nous montre l'*Histoire écrivant la vie de Philippe de France (Monsieur), duc d'Orléans.*

Né en 1640, mort en 1701, tige de la deuxième maison d'Orléans, frère unique de Louis XIV, *Monsieur* avait épousé, en 1661,

Henriette d'Angleterre, dont nous aurons plus tard à raconter la fin tragique, et s'était remarié en 1671 à Charlotte-Elisabeth de Bavière.

Ce prince fit les campagnes des Pays-Bas en 1667 et de Hollande en 1672; mais, après avoir battu le prince d'Orange en 1677, il se vit éloigné de tout commandement par l'ombrageuse politique de son frère.

SALON DE MARS

———

Avant de passer dans la galerie d'Apollon, il faut faire antichambre chez Mars, et on n'a pas à le regretter, tant sont admirables les peintures écloses sous la brosse de Mignard.

C'est dans ce salon que le peintre de Saint-Cloud faillit payer de sa vie un désir trop impatient de *Monsieur*, qui voulait juger de l'effet produit par les compositions de son favori avant qu'elles fussent entièrement terminées.

Un jour, le frère de Louis XIV donna l'ordre d'enlever l'échafaudage. A ce commandement

inopportun, Mignard, qui travaillait au plafond,
se hâta de descendre ; mais les mains embarrassées par sa palette et ses brosses, il fit une
chute des plus graves qui le força de garder le
lit pendant six semaines.

Les soins affectueux de son protecteur, le
désir de laisser un chef-d'œuvre hâtèrent son
rétablissement, et peu après les toiles et les
échafaudages furent enfin jetés bas.

Alors Louis XIV fut invité à venir visiter les
grands salons.

Il y avait longtemps que le Roi attendait ce
jour avec une certaine impatience. La cour et la
ville s'étaient partagées en deux camps : dans
l'un, Mignard avait trouvé d'ardents prôneurs,
dans l'autre, son rival Le Brun était regardé
comme un demi-dieu.

A cette époque, la gloire de Le Brun était
sans rivale ; il peignait les grands appartements
de Versailles, sa renommée était immense, ses
amis nombreux et puissants ; la visite de
Louis XIV à Saint-Cloud devait donc être pour
Mignard un succès ou un soufflet.

Il attendait, plein d'anxiété, dans le salon de Mars avant que le Roi commençât sa promenade dans les galeries. En l'apercevant, Louis XIV lui dit d'un ton affectueux :

— Mignard, mon frère a dû vous répéter combien j'ai pris part à votre accident et combien de fois je lui ai demandé de vos nouvelles.

Après avoir tout examiné avec soin, Louis XIV se tourna vers ses courtisans :

— Messieurs, je souhaite fort, reprit-il, que les peintures de mes galeries de Versailles répondent à la beauté de celles-ci.

Un tel éloge pénétra Mignard de joie et d'orgueil. Il lui valut, plus tard, de peindre, à Versailles, les petits appartements et la galerie qui a pris son nom.

Le 19 brumaire, tandis que l'orage grondait sourdement dans le conseil des Cinq-Cents, le général Bonaparte se promena seul quelques instants dans le salon de Mars.

— Assez de factions ! l'entendit-on murmurer.

Le futur empereur s'arrêta tout à coup devant cette devise : *Nec pluribus impar*, que son génie devait bientôt lui rendre applicable.

Lors du mariage civil de Napoléon Ier et de Marie-Louise, les personnes invitées qui n'avaient pu trouver place dans la galerie d'Apollon demandèrent au salon de Mars un asile momentané pour voir passer le cortége du roi des rois.

Pendant cette cérémonie, les huissiers, les hérauts d'armes et les pages s'étaient rangés, dans ce salon, par moitié à droite et à gauche, auprès de la porte. Ils formèrent la tête du cortége, lorsque l'Impératrice fut reconduite dans ses appartements.

Le 1er décembre 1852, à sept heures et demie du soir, le Corps Législatif, ayant à sa tête son Président, M. Billault, fut introduit dans le salon de Mars. Il venait remettre à Sa Majesté l'Empereur Napoléon III la déclaration du Corps Législatif constatant le recensement général des votes et l'adoption du plébiscite présenté les 21 et 22 novembre 1852 à l'acceptation du peuple.

Après la courte et admirable campagne d'Italie, en 1859, aussitôt la paix signée, le 11 juillet à Valeggio, l'Empereur revint en France et arriva à Saint-Cloud le 16 juillet.

Le 18 juillet, Il recevait, à huit heures et demie du soir, les grands corps de l'État.

La plupart des sénateurs, des membres du Corps législatif et du Conseil d'État se pressaient dans les salons, et, lorsque Leurs Majestés entrèrent dans le *salon de Mars*, les cris de *Vive l'Empereur! Vive l'Impératrice!* retentirent avec enthousiasme.

S. Exc. M. Troplong, président du Sénat; S. Exc. M. le comte de Morny, président du Corps Législatif; S. Exc. M. Baroche, président du Conseil d'État, adressèrent à Sa Majesté les félicitations des Corps constitués, et l'Empereur répondit :

« Messieurs,

« En me retrouvant au milieu de vous qui, pendant mon absence, avez entouré l'Impératrice et mon Fils de tant de dévouements, j'éprouve le besoin de vous remercier d'abord, et ensuite de vous expliquer quel a été le mobile de ma conduite.

« Lorsque, après une heureuse campagne de deux mois, les armées française et sarde arrivèrent sous les murs de Vérone, la lutte allait inévitablement changer de nature, tant sous le rapport militaire que sous le rapport politique, j'étais fatalement obligé d'attaquer de front un ennemi retranché derrière de grandes forteresses, protégé contre toute diversion sur ses flancs par la neutralité des territoires qui l'entouraient ; et en commençant la longue et stérile guerre des siéges, je trouvais en face l'Europe en armes, prête, soit à disputer nos succès, soit à aggraver nos revers.

« Néanmoins, la difficulté de l'entreprise n'aurait ni ébranlé ma résolution ni arrêté l'élan de nos armées, si les moyens n'eussent pas été hors de proportion avec les résultats à attendre. Il fallait se résoudre à briser hardiment les entraves opposées par les territoires neutres, et alors accepter la lutte sur le Rhin

comme sur l'Adige. Il fallait partout franche-
ment se fortifier du concours de la révolution.
Il fallait répandre encore un sang précieux qui
n'avait que trop coulé déjà : et, en un mot,
pour triompher, il fallait risquer ce qu'il n'est
permis à un souverain de mettre en jeu que pour
l'indépendance de son pays.

« Si je me suis arrêté, ce n'est donc pas par
lassitude ou par épuisement, ni par abandon
de la noble cause que je voulais servir; mais
parce que, dans mon cœur, quelque chose
parlait plus haut encore : l'intérêt de la
France.

« Croyez-vous qu'il ne m'en ait pas coûté de
mettre un frein à l'ardeur de ces soldats qui,
exaltés par la victoire, ne demandaient qu'à
marcher en avant?

« Croyez-vous qu'il ne m'en ait pas coûté de
retrancher ouvertement, devant l'Europe, de
mon programme le territoire qui s'étend du
Mincio jusqu'à l'Adriatique?

« Croyez-vous qu'il ne m'en ait pas coûté de
voir dans des cœurs honnêtes de nobles illu-

sions se détruire, de patriotiques espérances s'évanouir?

« Pour servir l'indépendance italienne, j'ai fait la guerre contre le gré de l'Europe; dès que les destinées de mon pays ont pu être en péril, j'ai fait la paix.

« Est-ce à dire maintenant que nos efforts et nos sacrifices aient été en pure perte? Non. Ainsi que je l'ai dit dans mes adieux à nos soldats, nous avons droit d'être fiers de cette courte campagne. En quatre combats et deux batailles, une armée nombreuse, qui ne le cède à aucune en organisation et en bravoure, a été vaincue. Le roi de Piémont, appelé jadis le *Gardien des Alpes*, a vu son pays délivré de l'invasion, et la frontière de ses États portée du Tessin au Mincio. L'idée d'une nationalité italienne est admise par ceux qui la combattaient le plus. Tous les souverains de la péninsulte comprennent enfin le besoin impérieux de réformes salutaires.

« Ainsi, après avoir donné une nouvelle preuve de la puissance militaire de la France, la paix que je viens de conclure sera féconde en heureux résultats ; l'avenir les révélera chaque jour davantage, pour le bonheur de l'Italie, l'influence de la France, le repos de l'Europe. »

Le discours de Sa Majesté a été fréquemment interrompu par des marques d'enthousiasme, et s'est terminé au milieu des acclamations les plus chaleureuses et des cris répétés de : *Vive l'Empereur ! Vive l'Impératrice !*

Plafond , voussures et dessus de portes par Pierre Mignard.

Plafond. L'OLYMPE, *gravé par* **J.-P. Poilly.**

Voussure du côté du Jardin. MARS ET VÉNUS, *gravé par* **J.-P. Poilly.**

Voussure du côté des appartements. LA FORGE DE VULCAIN EN SICILE, *gravé par* **J.-P. Poilly**

Dessus de porte. 1° LA JALOUSIE ET LA DIS-CORDE, *gravé par Jean Audran;* 2° LES PLAISIRS DES JARDINS, *gravé par Benoît Audran.*

LOUIS XIV, *portrait équestre, par Van der Meulen (Antoine-François) et Le Brun (Charles).*

Dans ce salon brille aussi la devise de *Mon*sieur : *Alter post fulmina terror.*

SALON DE VENUS ou DE L'OLYMPE

C'est dans ce salon que Napoléon Iᵉʳ recevait ses Ministres ; c'est là aussi que se tint le conseil secret qui, après la dissolution du mariage de l'Empereur et de l'Impératrice Joséphine, le 12 janvier 1810, délibéra sur l'alliance la plus avantageuse à la France.

Ce conseil, présidé par Napoléon Iᵉʳ, était composé de Joseph, roi d'Espagne ; Louis, roi de Hollande ; Murat, roi de Naples ; du prince archichancelier, du prince de Talleyrand et du duc de Bassano.

Le choix roula sur trois princesses : une sœur du czar, une archiduchesse d'Autriche et la fille du roi de Saxe.

On savait que ces alliances seraient également bien accueillies par les trois cours étrangères. Murat se prononça pour la Saxe, Talleyrand pour l'Autriche, Cambacérès pour la Russie. Napoléon fit bientôt pencher la balance du côté de Marie-Louise.

Le contrat fut dressé sur le modèle de celui de Louis XVI avec Marie-Antoinette.

Cette pièce sert aujourd'hui de salle de billard, et, le 30 octobre 1852, elle était témoin d'une entrevue remarquable à plus d'un titre, et qui mérite les détails dans lesquels nous allons entrer.

En effet, un ennemi de la France, l'émir Abd-el-Kader, conservé prisonnier, au mépris d'une parole donnée, venait de voir les portes de la forteresse d'Amboise s'ouvrir devant lui par l'ordre du Prince Président de la République, et le moderne Jugurtha, libre désormais, s'était rendu à Saint-Cloud pour remercier son libérateur.

Une collation fut servie dans le salon de Vénus ; au dessert, on remarqua que l'émir, après avoir goûté quelques grains de raisin, passait les grappes à ses grands officiers. C'était une faveur.

Nous ne pouvons mieux faire, du reste, que de donner la parole au *Moniteur*, qui raconte cette curieuse visite d'Abd-el-Kader au palais de Saint-Cloud :

« M. le Ministre de la guerre a présenté aujourd'hui à S. A. le Prince Président, au château de Saint-Cloud, Abd-el-Kader. M. le général de Saint-Arnaud était accompagné de M. le général Daumas, directeur des affaires de l'Algérie, et l'émir, de M. le chef d'escadron Boissonnet, commandant du château d'Amboise ; de M. de Bellemarc, attaché au Ministère de la guerre, et enfin de Sy-Allah et de Kara-Mohammed, le premier cousin du fameux kalifat Ben-Allah ; le second, ancien aga de la cavalerie régulière de l'émir, aujourd'hui son intendant.

« Pour la première fois, peut-être, le palais de Saint-Cloud a entendu la prière d'un musulman. En attendant l'arrivée du Prince, Abd-el-Kader a voulu accomplir un devoir religieux, et sans doute, en s'adressant à Dieu, il n'a pas oublié le généreux bienfaiteur qui lui a rendu la liberté.

« Abd-el-Kader a été accueilli par Son Altesse, avec une bienveillance marquée. Le Prince, qui était entouré de tous les membres du cabinet et de la plupart de ses aides de camp, a relevé Abd-el-Kader, qui s'inclinait pour lui baiser la main, et l'a serré dans ses bras avec effusion.

« Après ces salutations, Son Altesse a offert à Abd-el-Kader de lui faire visiter le palais ; mais l'émir a voulu auparavant renouveler solennellement le serment qu'il avait fait à Amboise, et il a demandé au Prince la permission de lui adresser quelques paroles dont voici le résumé :

« Monseigneur,

« Vous avez été bon, généreux pour moi, je vous dois la liberté que d'autres m'avaient promise, que vous ne m'aviez pas promise et que cependant vous m'avez accordée. Je vous jure de ne jamais violer le serment que je vous ai fait.

« Je sais qu'on vous a dit que je manquerai à mes promesses, mais ne le croyez pas ; je suis lié par la reconnaissance et par ma parole : soyez assuré que je n'oublierai pas ce que l'une et l'autre imposent à un descendant du prophète et à un homme de ma race. »

« Puis l'émir a ajouté :

« Je ne veux pas vous le dire seulement de vive voix, je veux encore laisser entre vos mains un écrit qui soit pour tous un témoignage du serment que je viens de renouveler. Je vous remets donc cette lettre : elle est la reproduction fidèle de ma pensée. »

« Le Prince a répondu à Abd-el-Kader qu'il était d'autant plus touché de cette démarche qu'il n'avait exigé de lui aucune promesse, qu'il avait eu confiance en lui et qu'il avait trouvé une suffisante garantie dans la connaissance de son caractère.

« Il a ajouté que cette démarche spontanée de l'émir était une preuve qu'il avait eu raison de croire en lui.

« Voici la traduction de l'acte remis par Abd-el-Kader à Son Altesse :

« Louange au Dieu unique !

« Que Dieu continue à donner la victoire à Napoléon, à notre seigneur, le seigneur des rois ! Que Dieu lui vienne en aide et dirige ses actions !

« Celui qui est actuellement devant vous est l'ancien prisonnier que votre générosité a délivré et qui vient vous remercier de vos bienfaits, Abd-el-Kader, fils de Mahi-ed-Dên.

« Il s'est rendu près de Votre Altesse pour lui

rendre grâce du bien qu'elle lui a fait, et pour se réjouir de sa vue ; car, j'en jure par Dieu, le maître du monde, vous êtes, Monseigneur, plus cher à mon cœur qu'aucun de ceux que j'aime. Vous avez fait pour moi une chose dont je suis impuissant à vous remercier, mais qui n'était pas au-dessus de votre grand cœur et de la noblesse de votre origine. Vous n'êtes point de ceux qu'on loue par le mensonge et que l'on trompe par l'imposture.

« Vous avez cru en moi, vous n'avez pas ajouté foi aux paroles de ceux qui doutaient de moi, vous m'avez mis en liberté et moi je vous ai juré solennellement *par le pacte de Dieu, par ses prophètes et ses envoyés* (1), que je ne ferai rien de contraire à la confiance que vous avez mise en moi, que je ne manquerai jamais à mes promesses, que je n'oublierai jamais vos bienfaits, que jamais je ne remettrai le pied en Algérie. Lorsque Dieu a voulu que je fisse la

(1) C'est le plus grand serment que puisse faire un musulman.

guerre aux Français, je l'ai faite ; j'ai fait parler
la poudre autant que je l'ai pu ; et quand il a
voulu que je cessasse de combattre, je me suis
soumis à ses décisions et je me suis retiré. Ma
religion et ma noble origine me font une loi de
tenir mes serments et de repousser toute fraude.
Je suis chérif (descendant du prophète) et je
ne veux pas que l'on puisse m'accuser d'imposture. Comment cela serait-il possible quand
votre bonté s'est exercée sur moi d'une manière
si éclatante ? Les bienfaits sont un lien passé au
cou des gens de cœur.

« Je suis le témoin de la grandeur de votre
empire, de la force de vos troupes, de l'immen-
sité des richesses de la France, de l'équité de
ses chefs et de la droiture de leurs actions. Il
n'est pas possible de croire que personne puisse
vous vaincre et s'opposer à votre volonté, si ce
n'est le Dieu tout-puissant.

« J'espère de votre bienveillance et de votre
bonté que vous me conserverez une place dans
votre cœur, car j'étais loin et vous m'avez placé
dans le cercle de vos intimes ; si je ne les égale

pas par mes services, je les égale, du moins, par l'amitié que je vous porte.

« Que Dieu augmente l'amour dans le cœur de vos amis et la terreur dans le cœur de vos ennemis !

« Je n'ai plus rien à ajouter, sinon que je me confie à votre amitié. Je vous adresse mes vœux et vous renouvelle mon serment.

« Écrit par Abd-el-Kader-ben-Mahhi-ed-Dèn (30 octobre 1852). »

« Après le discours de l'émir, le Prince lui a fait visiter le palais. Dans la conversation, quelques paroles heureuses ont été prononcées par Abd-el-Kader.

« On le présentait à M. le Ministre de la Justice, qui lui faisait remarquer combien peu de rapports il y a entre ses attributions et celles du Ministre de la Guerre.

« Un bon empire, a dit l'émir, s'appuie sur la « justice et sur l'armée. »

« A plusieurs reprises, Abd-el-Kader a insisté

sur l'erreur généralement accréditée qu'un musulman n'était pas tenu par le serment fait à un chrétien. Il a protesté énergiquement contre cette croyance.

« L'émir, en parlant au Prince de sa reconnaissance, lui a dit :

« Mes os sont vieux ; quant au reste de mon « corps, il a été renouvelé par vos bienfaits. »

« Son Altesse a bien voulu conduire lui-même Abd-el-Kader dans sa visite aux écuries. Il lui a montré ses chevaux de prédilection, que l'émir a beaucoup admirés. Il a été étonné de la beauté des écuries. « C'est un petit palais ! » a-t-il dit.

« Son Altesse a annoncé à Abd-el-Kader qu'il le ferait prochainement assister à une grande revue de cavalerie, et que, pour cette revue, il lui prêterait un cheval arabe. Le Prince a ajouté que, comme depuis longtemps l'émir n'avait pas monté à cheval, il l'invitait à venir essayer lundi celui qu'il lui destine.

« Cette bienveillance, ces attentions de la part de Son Altesse ont profondément ému Abd-el-

Kader. L'émir a quitté Saint-Cloud à deux heures. Sa visite, qui a duré près d'une heure et demie, a vivement impressionné tous les assistants ; ils ont tous été frappés de la noblesse et de la dignité de ses manières. »

———

Plafond par François Lemoine : JUNON EMPORTANT LA CEINTURE DE VÉNUS.

Deux dessus de porte, par Jean Nocret. 1° LA PAIX, 2° LA SCIENCE.

PHILIPPE DE FRANCE, DUC D'ANJOU, DÉCLARÉ ROI D'ESPAGNE (PHILIPPE V), *16 novembre 1700) tapisserie faite aux Gobelins, d'après le tableau du baron François Gérard.*

NAISSANCE DE MARIE DE MÉDICIS, *le 26 avril 1575, à Florence.* LUCINE CONFIE LA JEUNE PRINCESSE A LA VILLE DE FLORENCE, QUI LA REÇOIT DANS SES BRAS. *Cette ville est désignée dans le* tableau par un lion s'appuyant sur les bords de l'Arno. *Tapisserie faite aux Gobelins d'après le tableau de Rubens.*

MARIAGE DE MARIE DE MÉDICIS AVEC HENRI IV, A FLORENCE (5 octobre 1600). *Le grand-duc Ferdinand de Médicis (premier du nom) épouse par procuration, au nom du roi, la princesse sa nièce : le cardinal Aldobrandini leur donne la bénédiction nuptiale. Jeanne d'Autriche, duchesse de Mantoue, accompagne Marie de Médicis, et près du grand-duc, on voit le duc de Bellegarde, porteur de la procuration de Henri IV, et le marquis de Sillery, négociateur de cette alliance. Tapisserie faite aux Gobelins d'après le tableau de Rubens.*

PORTRAIT EN PIED DE MARIE DE MÉDICIS SOUS LA FIGURE DE BELLONE. *Tapisserie faite aux Gobelins d'après le tableau de Rubens.*

SALON DE LA VÉRITÉ

Sous le roi Charles X, cette pièce servait de salle de jeu.

Un soir, le 27 juillet 1830, l'un des valets de service, s'étant approché de la fenêtre, aperçut un violent incendie du côté de Paris, c'était le corps de garde de la place de la Bourse que le peuple brûlait. Le valet, inquiet, fit voir les tourbillons de flamme et de fumée à l'un des gentilshommes de la chambre ; celui-ci s'approcha du roi ; mais comme Charles X, prévenu d'ailleurs des troubles commencés, continuait tranquillement son whist, le gentilhomme n'osa lui parler : l'étiquette s'y opposait. Ce fut le duc de Mortemart, qui, arrivant vers minuit, fit sortir le vieux monarque de sa quiétude. Bientôt survinrent MM. de Sémonville et d'Argout.

— Sire ! s'écria M. de Sémonville, après avoir tracé un rapide tableau des événements dont Paris était le théâtre ; Sire, si Votre Majesté ne révoque pas les ordonnances, si elle ne change pas son ministère, demain peut-être il n'y aura plus ni roi, ni dauphin, ni duc de Bordeaux.

— Je ne le crois pas, Monsieur, répondit le roi Charles. Mon frère Louis XVI n'a péri que par faiblesse. Dans tous les cas, je suis prêt à paraître devant Dieu.

La monarchie des Bourbons s'abandonnait elle-même. Elle achevait tranquillement son whist pendant que sa garde périssait pour elle, pouvant s'appliquer ces belles paroles du comte de Savoisy :

.... Je dis aussi que chaque homme qui tombe,
Avant de se coucher tout sanglant dans la tombe,
Dit, jetant un dernier regard autour de soi :
Lorsque je meurs pour lui, mais où donc est le Roi ?

Sous Louis-Philippe, le salon de la Vérité avait été destiné aux réceptions intimes. En 1838, une communication fut établie entre cette pièce et le salon de la duchesse d'Orléans qui donnait sur le jardin. Au milieu, se trouve une ravissante bibliothèque, et, lorsque portes et fenêtres sont ouvertes, on aperçoit d'un côté le parc, de l'autre l'admirable panorama de Paris.

Le plafond de ce salon, peint par Coypel, représente LE TRIOMPHE DE LA VÉRITÉ.

Dessus de porte par Jean Nocret : 1° LA JUSTICE, 2° LA GLOIRE, 3° LES MUSES, CALLIOPE, CLIO et EUTERPE.

MARIAGE DE HENRI IV AVEC MARIE DE MÉDI-

cis, a Lyon (27 décembre 1600). « *La ville
de Lyon, assise sur un char, traîné par deux
lions, lève ses regards vers le ciel et admire
les nouveaux époux, qui y sont représentés sous
les traits de Jupiter et de Junon. L'Hymen, qui
est auprès d'eux, indique la constellation de
Vénus, sous laquelle le mariage a été célébré. »
Tapisserie faite aux Gobelins, d'après le tableau
de Rubens.*

Naissance de Louis XIII a Fontainebleau
(27 septembre 1601). « *Marie de Médicis vient
de donner le jour au Dauphin; elle le regarde
avec satisfaction. La Justice confie le prince
nouveau-né au Génie de la Santé, et la Fécondité fait voir à la reine les cinq autres enfants
qui doivent naître d'elle. » Tapisserie faite aux
Gobelins, d'après le tableau de Rubens.*

Henri IV confie a la Reine le gouvernement du royaume (mai 1610). « *Au milieu
d'eux est le dauphin, qui depuis régna sous le
nom de Louis XIII. » Tapisserie faite aux Gobelins d'après le tableau de Rubens.*

RÉCONCILIATION DE MARIE DE MÉDICIS AVEC SON FILS (30 avril 1619). « *La reine tient conseil à Angers avec les cardinaux de La Valette et de La Rochefoucauld ; ce dernier l'engage à accepter le rameau d'olivier que Mercure lui présente et à faire la paix avec Louis XIII. Le cardinal de La Valette, au contraire, lui retient le bras pour marquer qu'il est d'un avis opposé. La Prudence est placée à gauche de la reine.* » Tapisserie faite aux Gobelins, d'après le tableau de Rubens.

SALON DE MERCURE

Napoléon Ier en avait fait la salle du Trône.
Cette dénomination resta purement honorifique,
car jamais trône ne s'éleva dans cette pièce.

---

*Plafond, voussures et dessus de porte par
M. Alaus.*

Plafond. MERCURE ET PANDORE *à droite et
à gauche du plafond.* DES GÉNIES PORTENT LES
ATTRIBUTS DE MERCURE.

Voussures : 1.° NOCES DE THÉTIS ET PELÉE, 2° ASSEMBLÉE DES DIEUX, 3° MERCURE REMET LA POMME A PARIS, 4° JUGEMENT DE PARIS.

Dessus de porte : 1° LA PRUDENCE, 2° LA FORCE.

Le Triomphe de la Vérité. « LA VÉRITÉ, SOUTENUE PAR LE TEMPS, S'ÉLANCE VERS LE CIEL, OU LA REINE ET SON FILS SE RÉCONCILIENT APRÈS AVOIR RECONNU QUE DE FAUX AVIS AVAIENT SEULS CAUSÉ LEUR MÉSINTELLIGENCE. » *Tapisserie faite aux Gobelins, d'après le tableau de Rubens.*

LA REINE S'ENFUIT DU CHATEAU DE BLOIS (22 *février* 1619). « *Marie de Médicis était exilée dans le château de Blois : elle en sortit par une fenêtre d'où l'on voit encore descendre une de ses femmes. Minerve confie la Reine à la fidélité et au courage du duc d'Épernon, qui l'attend avec quelques officiers ; ils paraissent la rassurer tous par des protestations de zèle et de dévouement.* » *Tapisserie faite aux Gobelins, d'après le tableau de Rubens.*

VOYAGE DE MARIE DE MÉDICIS AUX PONTS-DE-

Cé, en Anjou (1614). « *La Reine, montée sur un coursier et suivie de la Force, indiquée par un lion, vient de réduire les Ponts-de-Cé, où se fomentait une guerre civile. La Victoire la couronne et la Renommée publie ses succès.* » Tapisserie faite aux Gobelins d'après le tableau de Rubens.

La conclusion de la paix (11 *septembre* 1620). « *Devant le temple de la Paix, cette déesse éteint le flambeau de la guerre sur un amas d'armes devenues inutiles, tandis que Minerve et l'Innocence y introduisent Marie de Médicis, malgré les violents efforts et la rage impuissante de la Fraude, de la Fureur et de l'Envie.* » Tapisserie faite aux Gobelins, d'après le tableau de Rubens.

La destinée de Marie de Médicis. — « *Les Parques, sous les auspices de Jupiter et de Junon, filent les jours de Marie de Médicis.* » Tapisserie faite aux Gobelins, d'après le tableau de Rubens.

SALON DE L'AURORE

***

Pendant le règne de Charles X , on y avait établi le poste des gardes du corps.

Louis-Philippe fit décorer à nouveau cette salle enfumée.

Quand nous sommes allé visiter le palais de Saint-Cloud, en 1854, pour y prendre des notes minutieuses sur place et consulter la mémoire des anciens serviteurs du château, nous avons été frappé à la vue de deux charmantes petites pièces de canon exposées dans le salon de l'Aurore. On nous apprit qu'elles étaient d'un nouveau système dû aux études de l'Empereur Napoléon III, et qu'elles étaient *rayées*.

Amateur passionné d'armes, nous examinâmes celles-ci avec toute l'attention qu'elles méritaient, ne soupçonnant pas cependant que, peu d'années après, elles seraient appelées à jouer un rôle considérable dans la brillante campagne d'Italie, et qu'elles commenceraient une révolution dans l'artillerie européenne.

BIBLIOTHÈQUE

Avant 1838, cette pièce n'était qu'un couloir obscur. Dubreuil, architecte de Louis-Philippe, a décoré cette délicieuse bonbonnière d'or et de chêne sculpté, où l'on a réuni douze mille volumes sur lesquels une voûte de glaces verse des flots de lumières.

L'Empereur Napoléon III a choisi comme conservateur de cette précieuse bibliothèque M. Jules Sandeau, de l'Académie française; on ne pouvait avoir la main plus heureuse.

Napoléon Iᵉʳ avait établi son cabinet topographique dans la partie supérieure.

GALERIE D'APOLLON

S'il faut en croire la chronique, nous devons l'admirable galerie d'Apollon à la jalousie éprouvée par *Monsieur*, lorsqu'il eut contemplé les merveilles que le pinceau de Le Brun venait de semer dans Versailles.

Louis XIV avait sa galerie, son frère rêva la sienne ; le Roi avait choisi Le Brun, le duc d'Orléans fit venir Mignard de Rome.

Cette rivalité, du reste, fut soigneusement entretenue par les deux artistes, fort jaloux l'un de l'autre, et par leurs amis de la cour.

A cette époque de foi catholique, les dieux du paganisme régnaient exclusivement dans les arts. La Cène, l'Adoration, l'Assomption, les Apôtres, la Madeleine avaient fait place aux divinités de la mythologie. L'Olympe avait détrôné le Paradis.

Mignard dut payer son tribut à la mode. La grande galerie fut placée sous le patronage d'*Apollon ; Diane* daigna donner son chaste nom au cabinet voisin, et *Mars* planta sa bannière dans le salon d'attente. Dans cette dernière pièce, Vénus y baisse chastement les yeux devant son époux boiteux. Les jeunes officiers de l'Empire avaient surnommé le salon de Mars la salle du ménage à trois.

L'inauguration de la galerie d'Apollon eut lieu le 10 octobre 1677 et devint l'occasion d'une réception brillante faite par *Monsieur* à Louis XIV.

Nous ne voulons certes pas raconter toutes les fêtes qui se sont succédé dans ce salon, appelé avec justice la merveille de Saint-Cloud ; mais nous ne pouvons nous empêcher de copier dans la *Gazette de France* de 1677 le passage qu'elle consacre au divertissement donné à Madame la Dauphine ; il offre de curieuses particularités sur certains usages de la cour à cette époque :

« Comme les chaleurs de cette journée avaient été grandes, dit la *Gazette*, on apporta à Leurs Majestés des eaux glacées que toute la cour trouva admirables. On dansa un peu après. Cette manière de bal, où il n'y eut point de branle, dura une heure et demie. Monseigneur prit Madame la Dauphine, Madame la Dauphine prit Monsieur, Monsieur alla prendre Madame la Princesse de Conty, et Monseigneur prit Madame. Ceux qui dansèrent ensuite furent, du costé des hommes, Messieurs les princes de Conty et de la Roche-sur-Yon, MM. les comtes d'Armagnac et de Brionne, M. le chevalier de Lorraine, MM. les ducs de la Trémouille et de Grammont, M. le marquis de Biron, M. le comte de Tonnerre, M. le marquis de Goudvin et M. le chevalier de Chastillon. Du costé des dames : mesdames les duchesses de Foix, de la Trémouille et de Mortemart, madame la marquise de Segne-

lay, madame de Grancé, et mesdemoiselles de
Laval, Chasteautiers, Potier et Clisson.

« La danse ayant finy sur les sept heures du
soir, le Roy monta en calèche avec la Reyne à
sa droite, et Madame la Dauphine à sa gauche.
Monsieur était à la portière de droite, et Madame
la princesse de Conty à la gauche.

En 1682, l'ambassadeur du roi de Maroc y fut
reçu avec éclat.

La célèbre ambassade de Siam fut admise
également dans la galerie d'Apollon. D'après la
Gazette de 1687, les Siamois, étaient-ce bien
des Siamois? étaient placés auprès des duchesses,
à main droite du Dauphin. La réception fut gro-
tesque.

Il était un divertissement que *Monsieur* affec-
tionnait, c'étaient les loteries; que ne vit-il de
nos jours? Il serait content! Quand l'ambassadeur de Venise fut présenté à Saint-Cloud le
9 août 1689, le frère du Roi s'empressa de réunir
la cour dans sa brillante galerie et d'y étaler sa
magnificence dans une belle loterie. Nous avons

sous les yeux la liste du tirage, liste trop longue pour la donner ici, mais qui contient un nombre infini de bijoux, de pierres précieuses, tables de Chine, porcelaines de Sèvres, éventails, cabarets de la Chine, etc.

Une autre ère succède enfin à cette longue histoire de Rois pendant laquelle un homme est tout et la nation rien. Les princes de mission divine ont fait leur temps, la République chancelle sur sa base, et le Conseil des Anciens vient siéger dans la galerie d'Apollon, le 19 brumaire.

Une révolution nouvelle est pressentie par tous, l'anxiété est à son comble. Les Directeurs vont-ils résister? Moulins et Gohier protestent ; Barras, avant de s'exiler à Grosbois, envoie la lettre suivante, lue au Conseil des Anciens :

« Citoyens représentants,

« Engagé dans les affaires publiques uniquement par ma passion pour la liberté, je n'ai consenti à accepter la première magistrature de l'État que pour la soutenir dans les périls par mon dévouement ; pour préserver des atteintes de ses ennemis les patriotes compromis dans sa cause et pour assurer aux défenseurs de la patrie ces soins particuliers qui ne pouvaient leur être plus constamment donnés que par un citoyen anciennement témoin de leurs vertus héroïques et toujours touché de leurs besoins.

« La gloire qui accompagne le retour du guerrier illustre à qui j'ai eu le bonheur d'ouvrir le chemin de la gloire, les marques éclatantes de confiance que lui donne le Corps Législatif et le décret de la représentation nationale m'ont convaincu que, quel que soit le poste où m'appelle désormais l'intérêt public, les périls de la liberté sont surmontés et les intérêts des armées garantis. Je rentre avec joie dans les rangs de simple citoyen ; heureux, après tant d'orages, de remettre entières et plus respectables que jamais les destinées de la République, dont j'ai partagé le dépôt.

« Salut et respect,

« *Signé :* BARRAS. »

Une discussion sans valeur s'ouvre sur cette démission ; tout à coup un mouvement extraordinaire se manifeste, les yeux de tous se dirigent vers la porte, le général Bonaparte vient d'entrer.

Instruit de l'extrême agitation qui s'est produite dans le Conseil des Cinq-Cents et de la scène du serment, Bonaparte a compris qu'une minute d'hésitation peut tout compromettre.

Quelques-uns de ses partisans s'arrêtent indécis ; Augereau, qui a sollicité du service le matin, s'écrie :

— Nous voici dans une jolie situation !

— Augereau, répond le général, souviens-toi d'Arcole, où les affaires étaient plus désespérées. Sois tranquille, dans une heure tout aura changé.

En effet, Bonaparte pénètre dans la galerie d'Apollon au moment où le président Lemercier donnait communication d'un message annonçant que le Directoire n'existait plus, au moins de fait.

Le général Bonaparte prend aussitôt la parole :

« — Représentants du peuple ! » s'écrie-t-il, « vous êtes sur un volcan ! mes intentions sont pures, et déjà l'on m'abreuve de calomnies ; on parle d'un nouveau César, d'un nouveau Cromwell ! La patrie n'a pas de plus zélé défenseur que moi ; je veux lui conserver la liberté et l'égalité !...

« — Et la constitution ?... s'écrie Linglet.

« — La constitution, vous l'avez violée au 18 fructidor, vous l'avez violée au 22 floréal ; vous l'avez violée au 30 prairial. La constitution ! Elle est invoquée par toutes les factions, et toutes les factions la méprisent. On conspire...

« — Nommez les conspirateurs.

« — S'il faut nommer les hommes, je dirai que Barras et Moulins m'ont proposé de me mettre à la tête d'un parti pour renverser tous les hommes à idées libérales (Mouvement dans l'assemblée) ; mais j'ai dédaigné la proposition. Mon bras, armé par vous de pouvoirs extraordinaires, ne frappera que les factieux ; et si quelque orateur, payé par l'étranger, parlait de me mettre hors la loi, j'en appellerais à vous, mes braves compagnons d'armes, vous que j'ai tant de fois menés à la victoire ; à vous, braves défenseurs de la République ; j'en appellerais à votre courage, et nous triompherions, car je marche accompagné du Dieu de la fortune et du Dieu de la guerre ! »

Dans sa relation si curieuse, le maréchal Sébastiani, alors colonel, dit que le Conseil des Anciens écouta le général Bonaparte avec calme.

A sept heures, le Conseil des Anciens fut instruit des événements dont l'*Orangerie* venait d'être le témoin, et sur la proposition de Cornudet, il se forma en comité secret. On arrêta la nomination d'une commission exécutive de trois membres et d'une commission législative, ainsi que l'ajournement du Corps Législatif au 1er nivôse.

Déjà le président Lemercier se préparait à promulguer ce décret, lorsqu'à neuf heures il apprit la réunion d'un certain nombre de membres des Cinq-Cents sous la présidence de Lucien Bonaparte. Le jour était venu où ce vers de Chénier allait recevoir son application :

Aujourd'hui, dans un homme un peuple est tout entier.

Quatre ans plus tard, le 18 mai 1804, une

foule brillante envahissait les grands appartements et venait faire du premier consul le chef
de la dynastie Napoléonienne en le proclamant,
par la voix de Cambacérès, Empereur des Français.

— J'accepte, répondit Bonaparte, le titre que
le Sénat croit utile à la gloire de la nation.

Au milieu de la cinquième salle du palais de
Versailles (aile du sud), le principal tableau représente le moment où le premier Consul reçoit,
dans la galerie d'Apollon, le sénatus-consulte qui
proclame son avénement au trône. A côté du
général se tient madame Bonaparte.

Le 19 mai, les grandes charges civiles de gouverneur du palais, de grand écuyer, de grand
veneur, de grand maréchal, de grand aumônier,
de grand chambellan, sont instituées. Le même
jour, la dignité de maréchal de l'Empire est con-
férée aux dix-huit généraux les plus célèbres de
l'armée ; ce sont : Alexandre Berthier, Murat,
Moncey, Jourdan, Masséna, Augereau, Bernadotte, Soult, Brune, Lannes, Mortier, Ney, Davoust, Bessières, Kellermann, Lefèvre, Pérignon

et Serrurier. (*Biographie nouvelle des contemporains.*)

La première cérémonie que la galerie d'Apollon nous offre maintenant, c'est le mariage civil de Marie-Louise.

Joséphine s'était, cette fois, montrée plus grande que Napoléon ; il venait de tout sacrifier à la raison d'État ; elle, elle eut le courage de signer son abdication, sacrifiant à l'ambition d'un homme son amour, sa gloire et la plus belle couronne du monde, celle de France.

Le 1ᵉʳ avril 1810, le palais de Saint-Cloud vit la célébration du mariage civil de Napoléon Iᵉʳ avec la jeune archiduchesse d'Autriche. Voici le programme officiel de cette fête tel que nous le trouvons dans le *Moniteur :*

« Le jour désigné pour la célébration du mariage civil, à onze heures, toutes les personnes qui doivent composer le cortége de Leurs Majestés se réuniront au palais de Saint-Cloud, savoir : celles du service de l'Impératrice dans les salons de son appartement, du côté du jardin ; et celles du service de l'Empereur, dans les jardins de son appartement, attenant à celui de l'Impératrice, du côté de la cour.

« A midi les maîtres et aides des cérémonies se réuniront dans la galerie, qui jusqu'alors sera fermée, et placeront les personnes invitées :

« Derrière l'estrade, les officiers de la maison de l'Empereur et des maisons des princes et princesses qui ne sont pas de service.

« L'espace à droite et à gauche, en avant de l'estrade, sera divisé en compartiments qui seront nominativement affectés :

« Aux dames des princesses ;

« Aux femmes des ministres et des grands officiers de l'empire ;

« Aux dames invitées ;

« Aux ambassadeurs et aux ministres étrangers ;

« Aux ministres ;

« Aux grands officiers de l'empire ;

« Aux grands-aigles de la Légion d'honneur ;

« Aux sénateurs;

« Aux conseillers d'État,

« Et aux hommes de la cour invités.

« Les personnes invitées qui n'auront pas pu être placées dans la galerie se tiendront dans le salon de Mars et dans les grands appartements de l'Empereur pour voir passer le cortége.

« Au fond de la galerie on placera sur une estrade deux fauteuils surmontés d'un dais, l'un à droite pour l'Empereur, l'autre à gauche pour l'Impératrice.

« Au bas de l'estrade et de côté, il y aura une table couverte d'un riche tapis, avec un encrier, sur laquelle seront placés les registres de l'état civil.

« A deux heures, le cortége étant réuni dans les appartements de Leurs Majestés, ainsi qu'il vient d'être dit, le grand maître des cérémonies, le colonel général de la garde de service, les grands officiers de la couronne de France et d'Italie iront chercher Leurs Majestés. Le cortége partira dans l'ordre suivant, pour se rendre à la galerie, en traversant le cabinet de l'Empereur, le salon des princes, la salle du Trône et le salon de Mars :

« Les huissiers,

« Les hérauts d'armes,

« Les pages,

« Les aides des cérémonies,

« Les maîtres des cérémonies,

« Les officiers de la maison du roi d'Italie,

« Les écuyers de l'Empereur de service ordinaire,

« Les chambellans de service ordinaire,

« Les aides de camp de l'Empereur,

« Les deux écuyers de jour,

« L'aide de camp de service,

« Le gouverneur du palais,

« Le secrétaire de l'état de la famille impériale,

« Les grands officiers de la couronne d'Italie,

« Le grand chambellan de France et celui d'Italie, le grand maître des cérémonies et le grand écuyer d'Italie ;

« Les princes grands dignitaires,

« Les princes de la famille,

« L'Empereur,

« L'Impératrice.

« Derrière Leurs Majestés :

« Le colonel général de la garde de service, le grand maréchal du palais, le grand maître de la maison d'Italie, le grand aumônier de France et celui d'Italie ;

« Le chevalier d'honneur et le prince écuyer de l'Impératrice, portant la queue de son manteau ;

« Les dames d'honneur de France et d'Italie, et la dame d'atour ;

« Les princesses de la famille,

« Les dames du palais,

« Les dames d'honneur des princesses, les officiers de service des maisons des princes et princesses.

« Tout le monde sera découvert.

« Le cortége étant arrivé dans la galerie, les huissiers, les hérauts d'armes et les pages se rangeront par moitié, à droite et à gauche, dans le salon de Mars, auprès de la porte.

« Les officiers et grands officiers de France et d'Italie, les dames d'honneur et la dame d'atour iront se placer derrière les fauteuils de Leurs Majestés, suivant leur rang.

« Leurs Majestés impériales se placeront sur le trône, les princes et princesses à droite et à gauche de l'estrade, dans l'ordre suivant et selon leur rang de famille.

« A droite de l'Empereur :

« Madame,

« Le prince Louis-Napoléon, roi de Hollande ;

« Le prince Jérôme-Napoléon, roi de Westphalie ;

« Le prince Borghèse, duc de Guastalla ;

« Le prince Joachim Napoléon, roi de Naples ;

« Le prince Eugène, vice-roi d'Italie ;

« Le prince archichancelier,

« Le prince vice-grand-électeur.

« A gauche de l'Impératrice :

« La princesse Julie, reine d'Espagne ;

« La princesse Hortense, reine de Hollande ;

« La princesse Catherine, reine de Westphalie ;

« La princesse Élisa , grande-duchesse de Toscane ;

« La princesse Pauline,

« La princesse Caroline, reine de Naples ;

« Le grand-duc de Wurtzbourg ;

« La princesse Augusta, vice-reine d'Italie ;

« La princesse Stéphanie , grande-duchesse héréditaire de Bade ;

« Le grand-duc héréditaire de Bade,

« Le prince architrésorier,

« Le prince vice-connétable.

« Le secrétaire de l'état de la famille impériale se placera auprès de la table.

« La première banquette sera réservée aux dames du palais.

« Le grand maître des cérémonies, les maîtres et aides des cérémonies, à droite et à gauche, en avant du trône.

« A l'arrivée de Leurs Majestés, toutes les dames se lèveront et resteront debout jusqu'à la fin de la cérémonie.

« L'Empereur étant assis, le grand maître des cérémonies prendra les ordres de Sa Majesté, et ira inviter S. A. S. le prince archichancelier de l'empire à se rendre devant le fauteuil de l'Empereur; un maître des cérémonies avertira en même temps le secrétaire de l'état de la famille impériale, qui se rendra auprès de S. A. S. le prince archichancelier, et fera une révérence à Leurs Majestés.

« S. A. S. le prince archichancelier, après avoir fait une révérence à Leurs Majestés, dira :

« Au nom de l'Empereur : (*A ces mots* Leurs Majestés *se lèveront.*)

« Sire, Votre Majesté Impériale et Royale dé-« clare-t-elle prendre en mariage S. A. I. et « R. Marie-Louise, archiduchesse d'Autriche, « ici présente ? »

« L'Empereur répondra :

« Je déclare prendre en mariage S. A. I. et « R. Marie-Louise, archiduchesse d'Autriche, « ici présente. »

« La même interpellation sera adressée à S. A. I. et R. l'archiduchesse d'Autriche, en ces termes :

« S. A. I. Marie-Louise, archiduchesse d'Au-

« triche, déclare-t-elle prendre en mariage S. M.
« l'Empereur et Roi Napoléon, ici présent?»

« Son Altesse Impériale et Royale répondra :

« Je déclare prendre en mariage Sa Majesté
l'Empereur et Roi Napoléon, ici présent.

« Le prince archichancelier prononcera alors
le mariage en ces termes :

« Au nom de l'Empereur et de la loi, je déclare
« que S. M. I. et R. Napoléon, empereur des
« Français, roi d'Italie, et S. A. I. et R. l'archidu-
« chesse Marie-Louise, sont unis en mariage. »

« Alors les maîtres et aides des cérémonies
apporteront la table sur laquelle seront les registres de l'état civil ; ils la placeront devant les
fauteuils de l'Empereur et de l'Impératrice, et
retourneront à leur place après avoir fait une
profonde révérence à Leurs Majestés.

« On procédera à la signature de l'acte de la
manière suivante ;

« Le secrétaire de l'état de la famille impériale présentera la plume à l'Empereur, et ensuite
à l'Impératrice, pour signer ; Leurs Majestés signeront assises et sans quitter leurs places.

« Les princes et princesses s'approcheront de la table, recevront la plume des mains du secrétaire de l'état de la famille impériale, et signeront ; ils feront avant de signer une révérence à l'Empereur et à l'Impératrice ; ils signeront dans l'ordre réglé par le cérémonial.

« L'acte étant terminé par la signature du prince archichancelier et du secrétaire de l'état de la famille impériale, les maîtres et aides des cérémonies, après avoir fait une profonde révérence à l'Empereur et à l'Impératrice, retireront la table qui avait été placée devant Leurs Majestés.

« Le grand maître des cérémonies fera une révérence à Leurs Majestés, et les préviendra que la cérémonie est achevée. Alors Leurs Majestés se lèveront et retourneront dans l'appartement de l'Impératrice dans l'ordre suivant :

« Les huissiers, les hérauts d'armes et les pages se rangeront dans le salon de Mars pour former la tête du cortége.

« Les officiers et grands officiers qui précèdent Leurs Majestés se dirigeront à droite et à gauche, pour aller prendre leur rang dans la marche ; les princes grands dignitaires et les princes de la famille s'avanceront ensuite.

« L'Empereur et l'Impératrice. Ils seront suivis du colonel général de la garde, du grand maréchal du palais et du grand aumônier, du chevalier d'honneur, du premier écuyer, des deux dames d'honneur et de la dame d'atour, qui se mettront en marche immédiatement après Leurs Majestés.

« Les princesses suivront. Enfin, les dames du palais, les dames d'honneur des princesses et les officiers de service des princes et princesses quitteront leurs places pour former la fin du cortége.

« Le cortége reconduira Leurs Majestés dans l'appartement de l'Impératrice et se retirera.

« Pour cette cérémonie, l'Impératrice sera en grand habit de cour, avec sa couronne fermée en diamants.

« A deux heures, la cérémonie du mariage civil sera annoncée par des salves d'artillerie tirées à Saint-Cloud et répétées à Paris aux Invalides.

7

« Après le dîner, Leurs Majestés se rendront dans le salon de famille. Le cortége qui doit les accompagner au spectacle se réunira dans les pièces voisines.

« L'orangerie sera illuminée.

« Les personnes invitées pour la cérémonie seront invitées aussi pour le spectacle.

« Après le spectacle, l'Empereur reconduira l'Impératrice dans son appartement ; lorsque l'Empereur se retirera, l'Impératrice l'accompagnera jusqu'à son premier salon.

« Il y aura illumination générale à Saint-Cloud et les eaux joueront à la lumière.

Le grand maître des cérémonies,

« Comte DE SÉGUR. »

En 1838, le roi Louis-Philippe a fait redorer une partie de la galerie d'Apollon, changer le mode d'éclairage, et encadrer les tableaux dans la boiserie même. L'effet en est remarquable.

Le mariage civil du duc de Nemours eut lieu dans cette galerie le 27 avril 1840.

Le 7 novembre 1852, la galerie d'Apollon put se croire revenue au 18 mai 1804 ; le Sénat venait offrir la couronne impériale au Prince Président, et les cris de *Vive l'Empereur!* sacraient de nouveau la dynastie Napoléonienne.

Les sénateurs et Leurs Éminences les cardinaux venaient remettre entre les mains de Son Altesse le sénatus-consulte adopté dans la séance du 7, et qui l'appelait à l'Empire.

Le prince répondit :

« Messieurs les Sénateurs,

« Je remercie le Sénat de l'empressement avec lequel il a répondu au vœu du pays, en délibérant sur le rétablissement de l'Empire, et en rédigeant le sénatus-consulte qui doit être soumis à l'acceptation du peuple.

« Lorsqu'il y a quarante-huit ans, dans ce même palais, dans cette même salle, et dans des circonstances analogues, le Sénat vint offrir la couronne au chef de ma famille, l'Empereur répondit par ces mémorables paroles :

Mon esprit ne serait plus avec ma postérité du jour où elle cesserait de mériter l'amour et la confiance de la grande nation.

« Eh bien, aujourd'hui, ce qui touche le plus mon cœur, c'est de penser que l'esprit de l'Empereur est avec moi, que sa pensée me guide, que son ombre me protége, puisque, par une démarche solennelle, vous venez, au nom du peuple français, me prouver que j'ai mérité la confiance du pays. Je n'ai pas besoin de vous dire que ma préoccupation constante sera de travailler avec vous à la grandeur et à la prospérité de la France... »

Les cris de *Vive l'Empereur!* furent la réponse du Sénat.

Le prince s'entretint ensuite assez longtemps avec chacun des sénateurs.

Ce même jour, un décret, daté de Saint-Cloud, appela le peuple français à se prononcer sur le rétablissement de la puissance impériale ; la nation y répondit par sept millions huit cent vingt-quatre mille cent quatre-vingt-neuf voix en faveur du projet, immense et populaire acclamation sans précédent dans l'histoire.

Ce résultat, les grands corps de l'État l'apportèrent à Son Altesse le 1er décembre, à sept heures et demie du soir, au palais de Saint-Cloud.

Le Corps Législatif, ayant à sa tête son président, M. Billault, et les membres du bureau, fut introduit dans le salon de Mars.

Les sénateurs et les conseillers d'État occupaient les salons de Vénus et de Diane.

M. le comte Bacciochi, grand maître des cérémonies, assisté de M. Feuillet de Conches, son adjoint, a introduit immédiatement MM. les sénateurs dans la galerie d'Apollon, nous apprend le *Moniteur* que nous copions textuellement.

MM. les vice-présidents Mesnard, Troplong, le général comte Baraguey d'Hilliers, M. le grand référendaire général comte d'Hautpoul, le baron de Lacrosse, secrétaire, marchaient en tête.

Les cardinaux, les maréchaux, les amiraux, Mgr l'archevêque de Paris, étaient avec le Sénat, qui a pris place à la droite du trône dressé au fond de la galerie pour la solennité. Le Corps Législatif a pris place à la gauche; les deux corps de l'État se faisaient face.

Le Conseil d'État, conduit par les présidents de section MM. Rouher, de Parieu, Bonjean, le général Allard, le vice-amiral Leblanc et Boudet, le vice-président, M. Baroche, dans le conseil des ministres, a été ensuite introduit; il a pris place derrière les bancs des ministres.

M. le procureur général Delangle, M. de Royer, M. le baron Brenier, M. Heurtier, M. le général Daumas, M. Gréterin, M. de Sibert-Cornillon, M. Darricau, étaient dans les rangs des conseillers d'État.

Les maîtres des cérémonies ayant fait connaître au prince Louis-Napoléon, qui était dans son appartement avec les ministres, que les grands corps de l'État étaient arrivés, Son Altesse Impériale s'est dirigée vers la galerie d'Apollon dans l'ordre suivant :

MM. le comte Bacciochi et Feuillet de Conches, les officiers d'ordonnance; M. le capitaine
de frégate Excelmans, le commandant Lepic, le
commandant de Toulongeon, le commandant
Favé, le capitaine de Menneval, le capitaine
Merle, le capitaine de Berkeim, le capitaine
Petit, le capitaine Cambriels, le capitaine Tas-
cher de la Pagerie, le lieutenant de la Tour-
d'Auvergne, Mocquard, secrétaire des commandements, de Dalmas, docteur Conneau, Le
Fèvre-Deumier, Charles Bure, intendant de la
maison impériale.

Les colonels Fleury, Edgar Ney, de Béville;
les généraux Vaudrey, Espinasse, de Lourmel,
de Montebello, de Goyon, de Cotte, Canrobert,
Roguet.

Napoléon III, en uniforme de général de division, ayant à sa droite le roi Jérôme Napoléon Bonaparte, en grand uniforme de maréchal de France, et à sa gauche le prince Jérôme
Napoléon fils, en habit noir.

Les ministres d'État, de la guerre, de la justice, des affaires étrangères, de l'intérieur, de

l'instruction publique et des cultes, des finances, de la marine et des colonies, des travaux publics; M. Baroche, vice-président du Conseil d'État; M. Berger, préfet de la Seine.

Louis-Napoléon est salué, dès son entrée dans le vestibule, par les acclamations de tous les dignitaires de l'État. Il salue le Sénat et le Corps Législatif, au milieu desquels il passe pour se rendre au trône, où il monte, ayant à sa droite le roi Jérôme, et à sa gauche le prince Jérôme Napoléon. Il reste debout.

Les ministres se placent derrière les trois princes, et les aides de camp, officiers d'ordonnance et de la maison civile dans le fond, après les ministres.

M. Billault, président du Corps Législatif, s'est alors avancé, en inclinant vers le côté gauche, et a lu le discours suivant :

« Sire,

« Nous apportons à Votre Majesté l'expression solennelle de la volonté nationale. Au plus fort des ovations que vous décernait l'enthousiasme populaire, peu pressé de ceindre une couronne qu'on vous offrait de toutes parts, vous avez désiré que la France se recueillît; vous avez voulu qu'elle ne prît que de sang-froid, dans sa pleine liberté, cette suprême décision par laquelle un peuple, maître de lui-même, dispose souverainement de sa destinée.

« Votre vœu, Sire, s'est accompli : un scrutin libre, secret, ouvert à tous, a été dépouillé loyalement sous les yeux de tous ; résumant en une seule huit millions de volontés, il donne à la légitimité de votre pouvoir la plus large base sur laquelle se soit jamais assis un gouvernement en ce monde. Depuis ce jour où six millions de voix recueillies pour vous par le pouvoir même qu'elles vous appelaient à remplacer vous ont remis le sort de la patrie, la France, à chaque nouveau scrutin, a marqué par de nouveaux millions de suffrages l'accroissement continu de sa confiance en vous. En dehors comme en dedans de ses comices, dans ses fêtes comme dans ses votes, partout, ses sentiments ont éclaté : d'un bout à l'autre du pays se précipitant sur vos pas, accourant de toutes parts pour saluer, ne fût-ce que de loin, l'homme de leurs espérances et de leur foi, nos populations ont assez fait voir au monde que vous étiez bien leur Empereur, l'Empereur voulu par le peuple ; que vous aviez bien avec vous cet esprit national qui, au jour marqué par la Providence, sacre les nouvelles dynasties et les assoit à la place de celles qu'il n'aime plus.

« Abritant sous un immense souvenir de gloire ce qu'elle a de plus précieux, son honneur au dehors, sa sécurité au dedans, et ces immortels principes de 1789, bases désormais inébranlables de la nouvelle société française si puissamment organisée par l'Empereur votre oncle, notre nation relève, avec un orgueilleux amour, cette dynastie des Bonaparte sortie de son sein, et qui ne fut point renversée par des mains françaises. Mais, tout en gardant un fier souvenir des grandes choses de la guerre, elle espère surtout en vous pour les grandes choses de la paix. Vous ayant déjà vu à l'œuvre, elle attend de vous un gouvernement résolu, rapide, fécond.

Pour vous y aider, elle vous entoure de toutes ses sympathies, elle se livre à vous tout entière. Prenez donc, Sire, prenez des mains de la France cette glorieuse couronne qu'elle vous offre : jamais aucun front royal n'en aura porté de plus légitime ni de plus populaire. »

Ce discours, fréquemment interrompu par les applaudissements de l'assemblée, s'est terminé aux cris unanimes et répétés de *Vive l'Empereur ! Vive Napoléon III !*

M. Billault a remis à Sa Majesté la déclaration du Corps Législatif constatant le recensement général des votes et l'adoption du plébiscite présenté les 21 et 22 novembre 1852 à l'acceptation du peuple.

Le nombre des électeurs inscrits
dans les départements est de.... 9,843,076

Les armées de terre et de mer
avant pris part au vote......... 360,352

Total des électeurs....... 10,203,428
Total des oui........... 7,824,189
Négatifs et non affirmatifs.. 2,379,239

Savoir :

Ayant voté non...   253,115
Nuls ou blancs...   63,326
Abstentions. 2,062,798
                        ——————
                        2,379,239

M. Mesnard, premier vice-président du Sénat, a ensuite adressé à l'Empereur le discours suivant :

« Sire,

« Le Corps Législatif a fait connaître la volonté souveraine de la France !

« En rétablissant la dignité impériale dans la personne et dans la famille de Votre Majesté, en vous donnant la couronne qu'elle avait placée, il y a un demi-siècle, sur le front du vainqueur de Marengo, la France dit assez haut quels sont ses vœux et comment, rattachant le présent au passé, elle confond ses espérances avec ses souvenirs.

« Ce trône où Votre Majesté va s'asseoir, de

quelque force, de quelque splendeur qu'il soit entouré, trouve dans la puissance de l'opinion publique ses plus solides fondements.

« L'Empire, c'est la paix, » a dit Votre Majesté dans une mémorable circonstance. La voix du pays ajoute : « L'empire, c'est le maintien des rapports internationaux dans toute la dignité d'une réciprocité amicale, c'est la religion honorée comme elle mérite de l'être, c'est la condition des classes laborieuses et souffrantes devenue l'objet d'une constante sollicitude ; c'est la discipline dans l'armée, et, au cœur de chaque soldat, le sentiment ardent de l'honneur et de l'indépendance nationale ; c'est le commerce et l'industrie développant et fécondant la prospérité publique ; enfin c'est l'apaisement des partis, c'est une large et libre place faite à toutes les capacités et à toutes les intelligences, auxquelles on demandera seulement où elles vont, et non plus d'où elles viennent.

« Voilà pourquoi, Sire, tant de millions de voix vous défèrent cette couronne impériale promise à votre naissance, reconquise par votre mérite, rendue à votre nom par l'acte le plus solennel de la souveraineté du peuple.

« Nous prions Votre Majesté d'accueillir avec bonté les hommages et les félicitations du Sénat. »

Interrompu par de nombreuses marques d'approbation, ce discours s'est terminé au milieu des mêmes acclamations qui avaient accueilli celui du président du Corps Législatif.

Immédiatement après, l'Empereur, d'une voix ferme et accentuée, a fait à ces deux discours la réponse suivante :

« Messieurs,

« Le nouveau règne que vous inaugurez aujourd'hui n'a pas pour origine, comme tant d'autres dans l'histoire, la violence, la conquête ou la ruse. Il est, vous venez de le déclarer, le résultat légal de la volonté de tout un peuple qui consolide au milieu du calme ce qu'il avait fondé au sein des agitations. Je suis pénétré de reconnaissance envers la nation, qui, trois fois en quatre années, m'a soutenu de ses suffrages, et chaque fois n'a augmenté sa majorité que pour accroître mon pouvoir.

« Mais plus le pouvoir gagne en étendue et en force vitale, plus il a besoin d'hommes éclairés comme ceux qui m'entourent chaque jour, d'hommes indépendants comme ceux auxquels je m'adresse, pour m'aider de leurs conseils, pour ramener mon autorité dans de justes limites si elle pouvait s'en écarter jamais.

« Je prends dès aujourd'hui, avec la couronne, le nom de Napoléon III, parce que la logique du peuple me l'a déjà donné dans ses acclamations, parce que le Sénat l'a proposé légalement, et parce que la nation entière l'a ratifié.

« Est-ce à dire cependant qu'en acceptant ce titre je tombe dans l'erreur reprochée au prince qui, revenant de l'exil, déclara nul et non avenu tout ce qui s'était fait en son absence? Loin de moi un semblable égarement. Non-seulement je reconnais les gouvernements qui m'ont précédé, mais j'hérite en quelque sorte de ce qu'ils on fait de bien ou de mal ; car les gouvernements qui se succèdent sont, malgré leur origine différente, solidaires de leurs devanciers. Mais, plus j'accepte tout ce que depuis cinquante ans l'histoire nous transmet avec son inflexible autorité, moins il m'était permis de passer sous silence le règne glorieux du chef de ma famille, et le titre régulier, quoique éphémère, de son fils, que les Chambres proclamèrent dans le dernier élan du patriotisme vaincu. Ainsi donc, le titre de Napoléon III n'est pas une de ces prétentions dynastiques et surannées qui semblent une insulte au bon sens et à la vérité ; c'est l'hommage rendu à un gouvernement qui fut légitime, et auquel nous devons les plus belles pages de notre histoire moderne. Mon règne ne date pas de 1815, il date de ce moment même, où vous venez me faire connaître les suffrages de la nation.

« Recevez donc mes remerciements, Messieurs les députés, pour l'éclat que vous avez donné à la manifestation de la volonté nationale, en la rendant plus évidente par votre contrôle, plus

imposante par votre déclaration. Je vous remercie aussi, Messieurs les sénateurs, d'avoir
voulu être les premiers à m'adresser vos félicitations, comme vous avez été les premiers à
formuler le vœu populaire.

« Aidez-moi tous à asseoir sur cette terre bou-
leversée par tant de révolutions un gouvernement stable, qui ait pour bases la religion, la
justice, la probité, l'amour des classes souffrantes.

« Recevez ici le serment que rien ne me coû-
tera pour assurer la prospérité de la patrie, et
que, tout en maintenant la paix, je ne céderai
rien de tout ce qui touche à l'honneur et à la
dignité de la France. »

Les plus vives acclamations ont plusieurs fois
interrompu Sa Majesté, et, à la fin de son discours, la salle a retenti des cris enthousiastes
de *Vive l'Empereur! Vive Napoléon III!*

L'Empereur, en quittant la salle, a de nouveau remercié avec effusion M. Mesnard et
M. Billault, et s'est rendu dans ses appartements

avec le cérémonial qui avait été observé à son entrée.

Ce matin donc, 2 décembre, le prince Louis-Napoléon a quitté Saint-Cloud, vers onze heures et demie, pour se rendre aux Tuileries, par l'Arc-de-Triomphe, la grande avenue des Champs-Élysées et le jardin du palais. Le Prince a été reçu par sa famille et par ses ministres. Il y aura, ce soir, au château des Tuileries, dit le programme, grande réception du corps diplomatique et des principaux fonctionnaires, et le programme ajoute : « La proclamation solennelle de l'Empire aura lieu dans toute la France le dimanche 5 décembre. Dans chaque ville de garnison, les troupes seront sous les armes, et une salve de cent un coup de canon sera tirée pendant la cérémonie. Dans les communes rurales, la proclamation sera faite solennellement par le maire et les autorités municipales. »

Nous aurons, ce soir, une illumination générale des édifices publics, ajoute le *Moniteur*, auquel nous empruntons ces détails aussi intéressants pour l'histoire de notre siècle que pour celle de Saint-Cloud.

Pour compléter ce premier acte de la restauration de l'Empire, nous publions la déclaration du Corps Législatif sur les opérations du vote du 21 et du 22 novembre. Cette déclaration est signée du président du Corps Législatif, Billault, et des secrétaires, Dalloz, duc de Tarente, baron Eschassériaux, Dugas.

« Le Corps Législatif.

« Vu le sénatus-consulte en date du 7 novembre 1852 ;

« Vu le décret du même jour, appelant le peuple français dans ses comices pour accepter ou rejeter le projet de plébiscite posé par le Sénat ;

« Vu le décret du 7 novembre 1852, convoquant le Corps Législatif à l'effet de constater la régularité des votes, d'en faire le recensement et d'en déclarer le résultat ;

« Après avoir examiné et vérifié, dans les séances de ses bureaux des 26, 27, 28, 29,

30 novembre et 1ᵉʳ décembre, les procès-verbaux du vote des quatre-vingt-six départements,
de l'Algérie et des armées de terre et de mer;

« Après avoir entendu, dans ses séances publiques des 30 novembre et 1ᵉʳ décembre, les
rapports qui lui ont été faits au nom de ses
bureaux, et avoir consacré par un vote, à la
suite de chacun de ces rapports, la régularité et
l'exactitude des chiffres recensés, tels qu'ils sont
établis dans le tableau annexé au présent pro-
cès-verbal ;

« Considérant qu'en présence de l'immense
majorité des suffrages reconnue dès aujourd'hui
acquise au projet de plébiscite, il n'y a pas lieu
d'attendre quelques procès-verbaux dressés dans
des localités éloignées et dont la vérification sera
ultérieurement faite, et que, pour donner satisfaction au vœu national, il convient de proclamer sans délai le grand événement qui fixe
les destinées de la France.

« Constate :
« 1° Que les opérations du vote ont été partout librement et régulièrement accomplies ;

« 2° Que le recensement général des suffrages émis sur le projet de plébiscite a donné :

« Sept millions huit cent vingt-quatre mille cent quatre-vingt-neuf (7 millions 824,189) bulletins portant le mot *Oui ;*

« Deux cent cinquante-trois mille cent quarante-cinq (253,145) bulletins portant le mot *Non ;*

« Soixante-trois mille trois cent vingt-six (63,326) bulletins nuls.

« En conséquence, le Corps Législatif déclare :

« Que le peuple français, convoqué dans ses comices les 21 et 22 novembre 1852, a accepté le plébiscite suivant :

« Le peuple français veut le rétablissement
« de la dignité impériale dans la personne de
« Louis-Napoléon Bonaparte, avec hérédité dans
« sa descendance directe, légitime ou adoptive,
« et lui donne le droit de régler l'ordre de suc-
« cession au trône dans la famille Bonaparte,
« ainsi qu'il est dit dans le sénatus-consulte du
« 7 novembre 1852. »

« Le cri unanime de *Vive l'Empereur!* accueille cette déclaration, et le Corps législatif décide par acclamation qu'il se rendra ce soir, à huit heures, au palais de Saint-Cloud, pour présenter à S. M. l'Empereur le résultat des votes du peuple français.

« Fait au palais du Corps Législatif, en séance publique, le 1ᵉʳ décembre 1852. »

Le Corps Législatif, assemblé pour le recensement des votes, avait ouvert ses séances le 25 novembre, après avoir entendu la lecture, par M. Fould, ministre d'Etat, du message du Président, conçu dans les termes suivants :

« Messieurs les députés,

« Je vous ai rappelés de vos départements
« pour vous associer au grand acte qui va s'ac-
« complir. Quoique le Sénat et le peuple aient
« seuls le droit de modifier la Constitution, j'ai
« voulu que le corps issu comme moi du suffrage
« universel vînt attester au monde la spontanéité

« du mouvement national qui me porte à l'Em-
« pire.

« Je tiens à ce que ce soit vous qui, en cons-
« tatant la liberté du vote et le nombre des
« suffrages, fassiez sortir de votre déclaration
« toute la légitimité de mon pouvoir ; aujour-
« d'hui, en effet, déclarer que l'autorité repose
« sur un droit incontestable, c'est lui donner la
« force nécessaire pour fonder quelque chose de
« durable et assurer la prospérité du pays.

« Le gouvernement, vous le savez, ne fera
« que changer de forme. Dévoué aux grands
« intérêts que l'intelligence enfante et que la
« paix développe, il se contiendra, comme par
« le passé, dans les limites de la modération,
« car le succès n'enfle jamais d'orgueil l'âme de
« ceux qui ne voient dans leur élévation nouvelle
« qu'un devoir plus grand imposé par le peuple,
« qu'une mission plus élevée confiée par la
« Providence.

« Fait au palais de Saint-Cloud, le 25 novembre 1852. » (*Moniteur.*)

Le 2 décembre, la déclaration du rétablissement de l'Empire était décrétée en ces termes :

Napoléon,

Par la grâce de Dieu et la volonté nationale, Empereur des Français,

A tous présent et à venir, salut :

Vu le sénatus-consulte en date du 7 novembre 1852, qui soumet au peuple le plébiscite dont la teneur suit :

« Le peuple veut le rétablissement de la dignité impériale dans la personne de Louis-Napoléon Bonaparte, avec hérédité dans sa descendance directe, légitime ou adoptive, et lui donne le droit de régler l'ordre de succession au trône dans la famille Bonaparte, ainsi qu'il est prévu par le sénatus-consulte du 7 novembre 1852 ; »

Vu la déclaration du Corps Législatif qui constate que les opérations du vote ont été partout librement et régulièrement accomplies ;

Que le recensement général des suffrages émis sur le projet de plébiscite a donné sept millions huit cent vingt-quatre mille cent quatre-vingt-neuf (7,824,189) bulletins portant le mot *Oui*;

Deux cent cinquante-trois mille cent quinze (253,115) bulletins portant le mot *Non*;

Soixante-trois mille trois cent vingt-six (63,326) bulletins nuls;

Avons décrété et décrétons ce qui suit :

Art. 1ᵉʳ. Le sénatus-consulte du 7 novembre 1852, ratifié par le plébiscite des 21 et 22 novembre, est promulgué et devient loi de l'Etat.

Art. 2. Louis-Napoléon Bonaparte est Empereur des Français, sous le nom de *Napoléon III*.

Mandons et ordonnons que les présentes, revêtues du sceau de l'Etat, insérées au *Bulletin des Lois*, soient adressées aux cours, aux tribunaux et aux autorités administratives pour qu'ils les inscrivent dans leurs registres, les observent et les fassent observer. Les ministres, chacun

en ce qui le concerne, sont chargés d'en sur-
veiller l'exécution.

Fait au palais de Saint-Cloud, le 2 décembre
1852.

NAPOLÉON.

Par l'Empereur :

Le ministre d'État,

ACHILLE FOULD.

Vu et revêtu du sceau de l'État :

*Le garde des sceaux, ministre de
la justice,*

ABBATUCCI.

Comme on le voit, la galerie d'Apollon a vu
se dérouler les événements les plus importants
et les plus glorieux de notre histoire contem-
poraine.

Galerie d'Apollon.

Les peintures de la voûte ont été exécutées par Pierre Mignard.

Au-dessus de la porte d'entrée. — Naissance d'Apollon et de Diane. — Latone implore Jupiter, qui change en grenouilles les paysans de Lycie.

Au milieu de la voûte. — Apollon, dieu du jour. — Le triomphe du Soleil.

A droite et à gauche de la voûte. — Les quatre Saisons :

Le printemps. — Flore et Zéphire.

L'été. — Les fêtes de Cérès.

L'automne. — Les fêtes de Bacchus.

L'hiver. — Borée et ses fils.

A l'extrémité de la galerie, au-dessus des fenêtres :

Le Parnasse. — Apollon et les Muses.

Dans le milieu de la voûte, entre les grands tableaux :

1° Circé, fille du Soleil.

2° Clymène conduit son fils Phaëton à Apollon.

3° Apollon montre à la Vertu le temple de l'Immortalité.

4° La chute d'Icare.

Entre les grands tableaux à gauche et à droite de la voûte. — Huit médaillons en bronze ou en camaïeu :

1° Apollon et la Sibylle ; bronze.

2° Apollon et Esculape ; bronze.

3° Apollon et Pan ; camaïeu.

4° Apollon et Marsyas ; camaïeu.

5° La nymphe Coronis ; camaïeu.

6° Daphné ; camaïeu.

7° Cyparisse ; bronze.

8° Clytie ; bronze.

Côté de la cour :

Au-dessus de la fenêtre. — Médaillon de Louis XIV avec cette devise : Solis opvs.

Vue de Malte, prise devant le fort Manoel.

Vue de Malte, prise devant le fort Saint-Elme.

Chasse au loup, par Rysbrack (Pierre).

La Paix ; figure allégorique, par Dumont (Jacques), dit le Romain.

Au-dessus de la fenêtre. — Des fleurs, par Baptiste Monnoyer.

Marine, par Vernet (Claude-Joseph).

Allégorie à la gloire de Louis XIV, par Coypel (Antoine).

Au-dessus de la fenêtre. — Médaillon sans figure. Pour emblème : une fusée enflammée, avec cette devise : CHI M'ACCENDE M'INALZA.

Vue de la place Saint-Marc à Venise, par Canaletto (Antonio Canal, dit). (*École vénitienne.*)

Paysage.

La leçon de musique, par Watteau (École de).

Au-dessus de la fenêtre. — Des fleurs, par Monnoyer.

Vue de l'église de Saint-Zacharie, à Venise, par Canaletto (Antonio Canal, dit). (*École vénitienne.*)

Paysage.

Diane.

Au-dessus de la fenêtre. — Médaillon de

Louis de France (*le grand Dauphin*). Pour emblème : une étoile devant le soleil, avec cette devise : CORAM MICAT VNIS.

Les Vendeurs chassés du temple, par Pannini
(Giovanni Paolo). (*École romaine.*)

Acis et Galathée, par Bertin (Nicolas).

Vue de Venise, par Canaletto (Antonio Canal,
dit). (*École vénitienne.*)

La Piscine, par Pannini (Giovanni Paolo).
(*École romaine.*)

Jupiter et Léda, par Bertin (Nicolas).

L'enlèvement d'Europe, par Boucher (François).

Au-dessus de la fenêtre. — Des fleurs, par
Baptiste Monnoyer.

Paysage, par Moucheron (Isaac).

Paysage. — Un portique de l'ordre dorique,
par Robert (Hubert).

Jeux d'enfants. — La Pêche, par Boucher
(École de).

Au-dessus de la fenêtre. — Médaillon de
Louis XIV. Pour emblème : un porc-épic sur un

bouclier, avec cette devise : Tot tela quot hostes.

Des fleurs dans une corbeille, par Van Spaendonck (Gérard).

Diane et la nymphe Eucharis, par Coypel (Noël-Nicolas).

Portrait de femme de l'époque de Louis XIV.

Au-dessus de la fenêtre. — Des fleurs, par Baptiste Monnier.

Fleurs et fruits, par M. Vandael (Jean-François).

Enlèvement de Déjanire, par Marot (François).

Portrait de femme du temps de Louis XIV.

Au-dessus de la fenêtre. — Médaillon de Marie-Thérèse d'Autriche, reine de France. — Pour emblème : la lune avec cette devise : Todos me miran yo a vno.

Paysage, par Moucheron (Isaac).

Paysage. — Ruines d'un temple de l'ordre ionique, par Robert (Hubert).

Jeux d'enfants.

Au-dessus de la fenêtre. — Des fleurs, par Baptiste Monnoyer.

Allégorie à la gloire des arts, par Giordano (Luca). (*École napolitaine.*)

La bataille de Cassel. — « L'armée du prince d'Orange défaite devant Mont-Cassel par l'armée du roi, commandée par *Monsieur*, duc d'Orléans, en 1677. » Esquisse du tableau original gravé par R. Bonnart; par Van der Meulen (Antoine-François).

Vue de la place Saint-Marc, à Venise, par Canaletto (Antonio Canal, dit). (*École vénitienne.*)

Hercule et Cacus, par Lemoyne (François).

Saint-Omer, « vu du côté du fort de Bour-nonville, assiégé et pris par l'armée du roi, sous le commandement de *Monsieur*, duc d'Orléans, en avril 1677. » Esquisse du tableau original gravé par R. Bonnart; par Van der Meulen (Antoine-François).

Vénus et Adonis, par Verdier (François).

Au-dessus de la fenêtre. — Médaillon de

Louis XIV. Pour emblème : le soleil, avec cette devise : NEC PLVRIBVS IMPAR.

Vue de Venise. — Une fête devant le palais ducal, par Canaletto (Antonio Canal, dit). (*École vénitienne.*)

Paysage. — L'ânesse de Balaam, par Lahyre (Laurent de).

La Charité, par Natoire (Charles).

Au-dessus de la fenêtre. — Des fleurs, par Baptiste Monnoyer.

Vue du palais ducal à Venise. — Escalier des Géants, par Canaletto (Antonio Canal, dit). (*École vénitienne.*)

Pygmalion, par Raoux (Jean).

Officier des troupes espagnoles du temps de Louis XIII.

Au-dessus de la fenêtre. — Médaillon de Louis XIII, roi de France. Pour emblème : le soleil, avec cette divise : IN ROREM ET FUL-MINA.

A l'extrémité de la galerie, au-dessus des deux fenêtres, à droite et à gauche du portrait d'Anne d'Autriche. Des fleurs, par Baptiste Monnoyer.

Anne d'Autriche, reine de France et de Navarre, par Duchesne.

Côté du salon de Diane et de la chapelle.

Au-dessus de la porte. — Médaillon d'Anne d'Autriche, reine de France et de Navarre. Pour emblème : une grenade, avec cette devise : Mon PRIX N'EST PAS DE MA COVRONNE.

Ledoge de Venise sur le *Bucentaure*, abordant à l'île de Lido ; par Canaletto (Antonio Canal, dit). (*École vénitienne.*)

Nymphe se réfugiant dans les bras de Diane, par Restout père (Jean).

Officier des troupes espagnoles du temps de Louis XIII.

Au-dessus de la porte. — Des fleurs, par Baptiste Monnoyer.

Le doge de Venise se rendant à l'église *Santa Maria della Salute*, par Canaletto (Antonio Canal, dit). (*École vénitienne.*)

Paysage. — La Bergère des Alpes, par Vernet
(Claude-Joseph).

Agar dans le désert, par Natoire (Charles).

Au-dessus de la porte. — Médaillon de Philippe de France (*onsieur*), duc d'Orléans.
Pour emblème : une grenade qui éclate dans
l'air, avec cette devise : ALTER POST FVLMINA
TERROR.

Halte de voyageurs à la porte d'une auberge.

Jupiter et Danaé, par Bertin (Nicolas).

Vue du grand canal, à Venise, par Vicentin
(Antonio). (*École vénitienne.*)

Intérieur de corps de garde.

Psyché abandonné par l'Amour, par Bertin
(Nicolas).

Hercule délivre Prométhée, par Detroy fil
(Jean-François).

Au-dessus de la porte. — Des fleurs, par
Baptiste Monnoyer.

Paysage composé, par Allégrain (Étienne).

Paysage. — Un Pont sur un torrent, par Robert (Hubert).

Apollon et Vénus, par Coypel (Noël-Nicolas).

Au-dessus de la porte. — Médaillon d'Élisabeth-Charlotte de Bavière (*Madame*), duchesse d'Orléans. Pour emblème : la flamme allumée sur l'autel, avec cette devise : ET CASTIS ALITER CVRIS.

Des fleurs, par Van-Os (Jean).

Vénus demande des armes à Vulcain, par Coypel (Noël-Nicolas).

Flore, par Natoire (Charles).

Au-dessus de la porte. — Des fleurs, par Baptiste Monnoyer.

Fleurs et fruits, par Van-Os (Jean).

Jupiter et Sémélé, par Marot (François).

Zéphire, par Natoire (Charles).

Au-dessus de la porte. — Médaillon de Philippe de France (*Monsieur*), duc d'Orléans. Pour emblème : des abeilles et leur reine en tête, avec cette devise : ET SOLO IVRET EXEMPLO.

Paysage, par Allégrain (Étienne).

Site composé, par Robert (Hubert).

Arion, par Coypel (Noël-Nicolas).

Au-dessus de la porte. — Des fleurs par Baptiste Monnoyer.

Vue de Paris vers 1560. — La Tour du bois, la Galerie du Louvre; le Vieux Louvre, la Tour de Nesle, etc., par Gastiels.

Pan et Syrinx, par Boullongne (Bon).

Vue de Venise. — Entrée du grand canal, par Marieschi (Jacopo). (*École vénitienne.*)

Site composé, par Gastiels.

Persée et Andromède, par Bertin (Nicolas).

Triomphe de Bacchus, par Natoire (Charles).

Au-dessus de la porte. — Médaillon de Philippe d'Orléans, régent du royaume. Pour emblème : un aiglon qui s'échappe de son nid, avec cette devise : Et iam spe fvlminis ardet.

Vue de la grande salle des séances au palais ducal, à Venise, par Bellotto (Bernardo). (*École vénitienne.*)

Paysage. — Apollon garde les troupeaux d'Admète.

Scène du déluge, par Regnault (Jean-Baptiste).

Au-dessus de la porte. — Des fleurs, par Baptiste Monnoyer.

Vue de la place Saint-Marc et du palais ducal, à Venise, par Canaletto (Antonio Canal, dit). (*École vénitienne.*)

Paysage. — Site composé.

La Fécondité, par Lemoyne (François).

Au-dessus de la porte. — Médaillon sans figure. Pour emblème : une perle dans une coquille sur le bord de la mer, avec cette devise : INSERTA CORONA DAT DECVS.

Paysage. — Le soir, effet d'orage, par Vernet (Claude-Joseph).

Allégorie à la gloire de Louis XIV.

Au-dessus de la porte. — Des fleurs, par Baptiste Monnoyer.

Vue du grand port, prise de la Valette, à Malte.

Vue de la Valette, de la Floriane et du fort Saint-Elme, prise de Vittoriosa, à Malte.

La Chasse au cerf, par Rysbrack (Pierre).

La Force ; figure allégorique, par Dumont (Jacques), dit le Romain.

Au-dessus de la porte. — Médaillon d'Anne-Marie d'Orléans (*Mademoiselle de Valois*). Pour emblème : une rose dans un vase, avec cette devise : Ie svis désirée en naissant.

SALON DE DIANE

De la grande galerie, on passe dans le charmant salon de Diane, qui précède la chapelle.

A chaque fête, à chaque solennité, Diane reçoit le trop plein de la galerie d'Apollon.

Au baptême du fils aîné de la reine Hortense, au mariage civil de Napoléon Ier, lors du mariage du duc de Nemours, à la présentation du sénatus-consulte au Prince Président, une partie des corps constitués de l'Etat se tinrent dans le salon de Diane.

Le roi Louis-Philippe en avait fait le salon

d'Orléans, en y réunissant les portraits des princes de sa famille.

On y remarque aussi quatre grands vases de porcelaines aux armes d'Orléans, qui ont été fabriqués en Chine par ordre de *Monsieur*, frère de Louis XIV.

PLAFOND ET VOUSSURES, PAR MIGNARD

Plafond. — Diane, déesse de la nuit (admirable figure!).

Voussures. — La Toilette, la Chasse, le Bain et le sommeil de Diane.

Henri IV, roi de France et de Navarre, par M. Franque (Pierre).

Louis XIII, roi de France et de Navarre, par M. Badin (Pierre-Adolphe).

Philippe de France (*Monsieur*), duc d'Orléans, par M. Franque (Pierre).

Philippe d'Orléans, duc d'Orléans, régent du royaume; portrait équestre, par Balthasar (Casimir de).

Louis d'Orléans, duc d'Orléans, par M. Badin (Pierre-Adolphe).

Louis - Philippe d'Orléans, duc d'Orléans ; portrait équestre, par M. Wachsmut.

Louis-Philippe-Joseph d'Orléans, duc d'Orléans ; portrait équestre, par M. Boulanger (Louis).

CHAPELLE

Au sortir des admirables salons d'Apollon, de Mars, de Diane, tout ruisselants d'or et de magnifiques peintures, on éprouve quelque surprise en pénétrant dans une chapelle d'une extrême simplicité. Le contraste est frappant. La chapelle n'est peut-être pas en rapport avec la splendeur des grands appartements.

Peu de temps après le Concordat, Bonaparte tint, pour la première fois, des enfants sur les fonts baptimaux avec quelque solennité. Ce fut d'abord le fils aîné du général Lannes, puis la fille aînée du général Junot. Le cardinal Caprara vint baptiser ces deux enfants dans *la chapelle* qui sortait de ses ruines.

Plus tard, le baptême du fils aîné de la reine Hortense et du roi de Hollande eut également lieu dans cette même chapelle. Napoléon Ier chérissait cet enfant, auquel il destinait la couronne impériale ; aussi voulut-il donner le plus grand éclat à cette cérémonie que le pape Pie VII présida.

Voici, du reste, la relation officielle.

« Dimanche, 3 germinal, à trois heures après midi, Leurs Majestés Impériales, suivies de la cour, se rendirent à Saint-Cloud pour le baptême du prince Napoléon-Louis, fils de S. A. I. Mgr le prince Louis.

« Cette cérémonie a été faite avec la plus grande pompe par Sa Sainteté.

« Huit voitures impériales ont conduit à Saint-Cloud le Pape et son cortége, composé de cardinaux, archevêques, évêques et prélats, et des grands officiers de Sa Sainteté.

« Les appartements du palais de Saint-Cloud étaient disposés, pour cette cérémonie, ainsi qu'il suit :

Chapelle. L'extrémité de la galerie, convenablement ornée et tendue, a été convertie en chapelle;

« Devant l'autel a été placé un fauteuil pour le Pape;

« A droite de l'autel, du côté de l'Église, étaient des tabourets pour les six prélats du Pape;

« A leur gauche, plus près de l'autel, les prélats du second ordre;

« A droite des prélats, un banc à dossier, richement couvert, pour neuf cardinaux ;

« De l'autre côté de la chapelle, vis-à-vis les cardinaux, quinze chaises pour les archevêques et évêques ;

« A six pieds en avant des marches de l'autel était une table richement décorée, sur laquelle a été placé le vase, couvert en blanc, tenant lieu de fonts.

« A droite et à gauche de cette table, deux crédences, l'une pour les honneurs, l'autre pour les objets nécessaires à la cérémonie.

« Au milieu de la chapelle, et vis-à-vis les fonts, deux fauteuils et deux prie-Dieu pour le parrain et la marraine.

« A droite du fauteuil de Sa Majesté, un fauteuil pour l'Impératrice et trois chaises pour les princesses.

« A gauche du fauteuil de la marraine, six chaises pour les princes de la famille impériale et les princes de l'empire.

« *Salle du lit.* Dans l'un des salons de l'Impératrice, il a été dressé, sur une plate-forme, un lit sans colonnes et surmonté d'un dais.

« Au pied du lit était étendu un grand manteau d'étoffe riche doublé d'hermine, destiné à porter l'enfant au baptême.

« Dans la même chambre étaient deux tables richement couvertes, destinées à recevoir, l'une les honneurs de l'enfant, savoir : le cierge, le chrémeau et la salière ; l'autre, plus parée.

ceux des parrain et marraine, savoir : le bassin, l'aiguière et la serviette.

« La serviette était placée sur un carreau d'étoffe d'or ; tous les autres honneurs, hors le cierge, étaient sur des plats d'or.

« A droite du lit était madame de Villeneuve, dame d'honneur de Madame Louis, remplaçant Madame Viry, indisposée, et à gauche, Madame de Boubers faisant les fonctions de gouvernante, la sous-gouvernante derrière elle.

« Les princes et princesses de la famille impériale, les princes de l'empire, les grands officiers de la couronne, les dames destinées à porter les quatre coins du manteau et celles qui devaient porter les honneurs, se sont rassemblés dans la salle du lit.

« Les officiers civils de l'Empereur, les chambellans et écuyers des princes, et les dames et officiers des princesses qui n'étaient pas de la cérémonie sont restés dans le salon voisin ; les autres personnes invitées se sont placées dans le salon de Mars ; les ministres et les grands officiers militaires, dans la salle du Trône.

« M. le grand aumônier, ayant pris les ordres de Sa Majesté, de concert avec M. le grand maître des cérémonies, est allé chercher Sa Sainteté dans son appartement et l'a conduite dans la chapelle.

« Le grand maître des cérémonies, avec les autres grands officiers de la couronne et le colonel général de la garde de service, est allé prendre les ordres de l'Empereur dans son cabinet.

« L'Empereur s'est rendu dans le salon du lit, avec la marraine (S. A. I. Madame, mère de Sa Majesté), précédé par le grand maître, le grand écuyer et le grand maréchal, et suivi par le colonel général de la garde, le grand aumônier, le grand chambellan et le grand veneur.

« A l'arrivée du parrain et de la marraine, l'enfant a été découvert par madame de Villeneuve et madame de Boubers.

« La première a levé l'enfant et l'a remis au parrain, qui a chargé Madame de Boubers de le porter aux fonts.

« Le grand maître des cérémonies a remis la salière à madame de Bouillé,

« Le chrémeau à madame de Montalivet,

« Le cierge à madame la maréchale Lannes,

« La serviette à madame de Serant,

« L'aiguière à madame Savary,

« Le bassin à madame de Talhouët.

« Alors, tout partit pour se rendre à la chapelle :

« Les princes de l'empire et ceux de la famille impériale, précédés de leurs écuyers et suivis de leurs chambellans,

« Les princesses, précédées par leurs officiers et suivies par leurs dames ;

« L'Impératrice, que précédaient les pages, les écuyers et les chambellans de Sa Majesté ; à la droite de l'Impératrice était sa dame d'honneur, et un peu en arrière, son premier aumônier ; à sa gauche, son premier écuyer, sa dame d'atour et deux officiers supérieurs de la garde ; un page portait la queue de la robe de Sa Majesté ; les dames du palais marchaient derrière elle.

« Les ministres et les grands officiers militaires qui n'avaient point de fonctions dans la cérémonie suivaient le cortége de l'Impératrice ; celui de l'Empereur marchait ensuite dans l'ordre suivant :

« Les huissiers,

« Les hérauts d'armes,

« Les pages,

« Les aides de cérémonies,

« Le maître des cérémonies,

« Les écuyers et les préfets du palais de Sa Majesté,

« Les chambellans de Sa Majesté,

« Les aides de camp de Sa Majesté,

« L'écuyer, l'aide de camp et le chambellan de service.

« Les honneurs dans l'ordre suivant :

« La salière,

« Le chrémeau,

« Le cierge,

« La serviette,

« L'aiguière,

« Le bassin,

« L'enfant,

« Mesdames les maréchales Bernadotte, Bessières, Davoust et Mortier portant les coins de son manteau ;

« Le grand maître des cérémonies, le grand écuyer et le grand maréchal ;

« L'Empereur, suivi du colonel général de la garde, du grand aumônier, du grand chambellan, du grand veneur, du ministre des cultes, des colonels généraux de la garde et des officiers de sa maison qui n'étaient pas de service ;

« A gauche de l'Empereur, Madame, mère de Sa Majesté, suivie de ses dames et officiers.

« En entrant dans la chapelle, tout le cortége qui précédait les honneurs s'est rangé à droite et à gauche de la porte.

« Les dames portant les honneurs se sont avancées et se sont rangées à droite et à gauche des fonts baptismaux.

« Les grands officiers se sont placés derrière l'Empereur, excepté le grand aumônier, qui s'est placé entre le fauteuil du parrain et de la marraine, et le grand maître des cérémonies, qui se tenait en avant et à la droite de l'Empereur.

« Le maître des cérémonies ecclésiastiques se tenait derrière le grand aumônier et à portée de lui.

« Les officiers des princes se tenaient derrière eux, et les dames et officiers des princesses derrière Leurs Altesses.

« Toutes les autres personnes assistant à la cérémonie étaient dans la galerie, sans désignation de places.

« Alors les cérémonies religieuses ont été faites par Sa Sainteté, ainsi qu'il est d'usage. Après le baptême, le premier chambellan et le grand maréchal ont donné à laver au parrain et à la marraine.

« L'enfant a été reconduit au salon du lit avec le même cortége qui l'avait accompagné en allant à la chapelle.

« Leurs Majestés Impériales ont dîné avec Madame, mère de l'Empereur, les princes de la famille, ceux de l'empire, et M. le prince Borghèse, beau-frère de Sa Majesté.

« D'autres tables ont été servies, savoir : celle des cardinaux, archevêques, évêques et prélats. S. E. Mgr le cardinal Fesch, grand aumônier, en a fait les honneurs.

« Celle des ministres, maréchaux et autres grands officiers de l'empire. A cette table, dont M. le général Duroc, grand maréchal du palais, a fait les honneurs, ont été placés le président, les préteurs, chancelier et trésorier du Sénat, les présidents des sections du Conseil d'État, celui du Corps législatif, celui du Tribunat, et le premier président de la Cour de cassation.

« Celle des dames de la maison impériale et des maisons des princes et princesses, dont les honneurs ont été faits par madame de Larochefoucauld, dame d'honneur de S. M. l'Impératrice.

« Enfin celle des officiers des maisons tant de Leurs Majestés que des princes et princesses ; M. de Luçay, premier préfet du palais, a fait les honneurs de cette table.

« Le soir, les principaux acteurs de la scène française ont joué, sur le théâtre de la cour,

Athalie, avec des chœurs exécutés par les artistes de l'Académie impériale de musique.

« A cette représentation brillante ont assisté Leurs Majestés impériales, Madame mère de l'Empereur, les princes et princesses, toute la cour, le corps diplomatique et plusieurs membres des premières autorités de l'État.

« Pour se rendre des appartements au théâtre, Leurs Majestés et leur cortége ont traversé l'Orangerie, élégamment éclairée en feux de couleur.

« Le spectacle a été suivi du cercle.

« Pendant toute la journée, le parc de Saint-Cloud a été ouvert au public ; les eaux ont joué ; des spectacles forains et autres divertissements ont été offerts à l'affluence des citoyens ; cette affluence était très-considérable. Depuis l'heure de midi, la route de Paris avait été couverte de voitures et de piétons et semblait être devenue une longue promenade. Cette foule, répandue dans le parc et dans les avenues, a animé ces beaux lieux par un spectacle auquel le retour de la belle saison donnait un nouveau prix.

« Le soir, il y a eu feu d'artifice ; le palais et les jardins ont été illuminés ; ils ont été, jusqu'à une heure avancée, remplis du bruit des orchestres, des chants et des éclats de la gaieté populaire. »

La mort de ce jeune prince détermina l'Empereur à contracter une alliance étrangère. Joséphine fut regrettée. Napoléon, lui-même, n'avait-il pas dit souvent : « Je gagne des batailles, et Joséphine me gagne les cœurs ? »

La chapelle fut commencée par Micque, architecte de Marie-Antoinette, et terminée en 1820.

Les sculptures sont de Deschamps, à l'exception du bas-relief du maître-autel dû au ciseau de Lesueur.

Le plafond est de Sauvage. Nous avons vainement cherché quelque figure dans cet éther vaporeux. Nous aurions voulu y découvrir quelque coin du paradis, ne fût-ce que pour prouver aux dieux païens de Mignard que l'Eden chrétien a ses splendeurs tout comme l'Olympe.

Le 27 avril 1840, le duc de Nemours épousait, dans la chapelle de Saint-Cloud, la duchesse Victoire de Saxe-Cobourg-Gotha, et, ce même jour, l'amnistie, cette mesure politique toujours si favorablement accueillie en France, où tous les sentiments généreux sont sûrs de rencontrer tant de sympathie, fut proclamée par une ordonnance royale.

Le 16 juillet 1859, à son retour de l'armée, après cette campagne de deux mois, première étape de la délivrance de l'Italie, l'Empereur vint remercier Dieu de la victoire qu'il lui avait donnée, et s'agenouiller dans cette chapelle où l'Impératrice et son fils étaient venus si souvent prier le Tout-Puissant pour un époux et un père, et pour les armes de la France.

Le 20 juin 1856, une cérémonie curieuse et imposante avait eu lieu dans la chapelle.

Après la messe célébrée par S. Em. le cardinal Patrizzi, légat *a latere* du Saint-Père, a eu lieu la cérémonie de la remise de la *Rose d'or* à S. M. l'Impératrice.

Pendant la messe, la *Rose d'or* a été apportée

par le maître des cérémonies de l'Empereur et déposée sur l'autel.

La messe terminée, le légat a pris place sur un fauteuil, devant l'autel, en face de Leurs Majestés impériales.

Monsignor Monaco-Lavalette, l'un des prélats de la suite de Son Eminence, a lu, à haute voix, le bref pontifical qui confère au cardinal Patrizzi les pouvoirs nécessaires pour remettre la *Rose d'or* à S. M. l'Impératrice, au lieu et place du Saint-Père.

Après la lecture, l'Impératrice a été invitée par le maître des cérémonies ecclésiastiques à s'approcher de l'autel, et la *Rose d'or* a été présentée à Sa Majesté, pendant que le légat a prononcé la formule d'usage.

Le Prince impérial était présent à cette cérémonie.

Le présent pontifical consiste en un rosier d'or couvert de roses épanouies au-dessus desquelles la fleur consacrée domine. Le rosier sort d'un vase également d'or massif, et le vase repose sur un socle de lapis-lazuli où sont incrustées, en mosaïque, les armes du Pape et celles de l'Empereur. Sur le vase d'or sont deux bas-reliefs représentant, l'un, *la naissance de la Vierge*, l'autre, *la présentation au Temple*.

Après la cérémonie, le légat a offert à l'Empereur, au nom du Pape, un fort beau tableau en mosaïque, représentant *saint Jean-Baptiste au désert*, d'après Guido Reni, puis, pour le fils de France, un magnifique reliquaire.

APPARTEMENTS DE S. M. L'EMPEREUR

ANTICHAMBRE DES HUISSIERS

Vestibule de Sa Majesté l'Empereur, donnant sur le salon de l'Aurore et sur l'escalier de l'Impératrice,

---

Vue de l'Étang de Ville-d'Avray, par Cabat (Louis).

Valentine de Milan et Charles VI, par Triqueti (Henri de).

Vue de la ville d'Olevano dans la Sabine, par Bertin (Jean-Victor).

Jeune Alsacienne, étude par Dubufe (Claude-Marie).

Fruits, oiseaux et bas-reliefs, par Tournier.

Vue de Naples, *prise auprès de Capo di Monte*, par Dunouy (Alexandre-Hyacinthe).

Paysage. — *Effet de soleil couchant*, par Bouquet (Michel).

Des sœurs hospitalières, par Olagnon (Pierre-Victor).

Vue de la place Dei Signori, à Vicence, par Perrot (Antoine).

L'Enlèvement, par madame Brune (Aimée), née Pagès.

N° 12 (*b*)

SALON DES CHAMBELLANS ET DES AIDES DE CAMP

C'est dans cette pièce que se tiennent les chambellans et les aides de camp de service.

N° 12 (c)

SALON DES OFFICIERS D'ORDONNANCE

Cette pièce est réservée pour les officiers d'ordonnance de service.

N° 12 (d)

SALLE DU CONSEIL DES MINISTRES SOUS L'EMPEREUR NAPOLÉON III

Cette pièce a servi successivement de chambre
à coucher à la reine Marie-Antoinette, aux impé-
ratrices Joséphine et Marie-Louise, enfin à la duchesse d'Angoulême.

Sous le roi Louis-Philippe et sous l'Empereur
Napoléon III, elle est devenue la salle du conseil
des ministres.

Vue du château de Pau, par Millin du Per-
reux (Alexandre-Louis-Robert).

Vue intérieure du cloître Saint-Sauveur à Aix, par M. le comte de Forbin.

Le Chasseur de l'Apennin, par M. le comte de Crissé.

Vue de la Rufinella. (États romains), par Chauvin.

N° 12 (*e*)

CABINET DE TRAVAIL DE S. M. L'EMPEREUR NAPOLÉON III

Cette pièce servait de cabinet de toilette au roi Louis-Philippe.

N° 12 (*f*)

CHAMBRE A COUCHER DE S. M. L'IMPÉRATRICE EUGÉNIE

Salle de musique de l'Impératrice Marie-Louise, cette pièce devint plus tard le cabinet de travail du roi Louis-Philippe.

N° 43

SALLE DE BAIN DE LEURS MAJESTÉS

—

Rien de remarquable ; rien à mentionner qu'une grande simplicité.

N° 14 (*a*)

APPARTEMENTS DE S. M. L'IMPÉRATRICE

ANTICHAMBRE DES HUISSIERS

———

Les huissiers de service l'occupent.

———

N° 14 (*b*)

SALLE DES CHAMBELLANS DE S. M. L'IMPÉRATRICE

Sous la Restauration, le duc d'Angoulême en avait fait sa salle de billard.

Elle est destinée à cette heure aux chambellans de service.

N° 14 (c)

SALLE DES DAMES DE S. M. L'IMPÉRATRICE

Sous la Restauration, cette pièce était occupée par le secrétaire du duc d'Angoulême.

C'est là que se passa une scène déplorable entre le Dauphin et le duc de Raguse, et dont le retentissement ne put être complétement étouffé même par la révolution de Juillet.

Le Dauphin venait d'adresser aux derniers soldats restés fidèles à la fortune des Bourbons de la branche aînée l'ordre du jour suivant :

« Soldats,

« Vous avez noblement soutenu les dangers et les fatigues des journées qui viennent de se passer ; vous avez rempli avec le zèle et l'énergie qu'on attendait de vous, vos devoirs envers la patrie. C'est la cause de l'ordre que vous défendez ; c'est la France que vous protégez contre des hommes égarés. Continuez à soutenir avec constance et la vigueur qui convient au soldat français la lutte que vous avez commencée. La France l'attend de vous, et l'Europe entière a les yeux sur vous. Le roi m'a nommé commandant en chef de ses troupes ; vous me verrez toujours à votre tête ! L'union et la discipline sont la force des armées. Officiers, rappelez-le à vos soldats... et vous, soldats, suivez la trace de vos officiers : ils ne vous conduiront jamais que dans les routes de l'honneur et du devoir !

« Le roi me charge de vous remercier de votre dévouement.

« Au château de Saint-Cloud, 30 juillet 1830.

« *Le commandant en chef*,

« Louis-Antoine. »

Dans le même moment, le duc de Raguse, voyant que la lutte était devenue inégale, ou malheureux d'avoir été forcé de faire verser tant de sang français, publiait un autre ordre du jour, où il disait aux troupes que le roi renonçait à combattre, et que Sa Majesté n'aurait plus besoin de leurs services *que pour la défense de sa personne*. Les généraux Talon et Saint-Chamans vont, tout surpris, porter cet ordre du jour au Dauphin.

— Monseigneur, sommes-nous donc trahis? dirent-ils au prince.

— Dites au duc de Raguse de monter, répondit brusquement le Dauphin.

— Monsieur le maréchal, s'écria le prince avec vivacité, que signifie cet ordre du jour? Est-ce là ce que je vous avais prescrit? C'est une trahison! oui, une trahison! »

A ce mot, le duc de Raguse, hors de lui, tire son épée à moitié du fourreau; le Dauphin, croyant que le duc veut l'en frapper, lui arrête précipitamment le bras; dans ce mouvement, il se blesse deux doigts de la main droite, et son sang jaillit; mais sa main gauche est libre; il en saisit au cou le maréchal, le renverse à ses pieds, tombe avec lui et crie: *A moi!* M. le duc de Guiche, premier écuyer et ami du Dauphin, qui connaissait le caractère vif et nerveux de ce prince, avait pressenti, à l'expression de son visage et au ton dont. il avait mandé le duc de Raguse, qu'il allait se passer une scène violente ; et il avait prié le duc de Ventadour, aide de camp du Dauphin, de laisser la porte du cabinet entr'ouverte, après avoir introduit le maréchal. A la voix du prince et au bruit de leur chute, il entre avec le duc de Ventadour, et trouve le Dauphin et le maréchal renversés l'un sur l'autre, sur le parquet teint de sang... Le prince se relève et ordonne aux gardes du corps de conduire le duc de Raguse aux arrêts dans sa chambre.

Charles X, instruit de ce qui venait de se passer chez son fils, mande le duc de Guiche :

— Eh bien ! qu'en dis-tu ? voilà une belle campagne !

— Hélas ! Sire, il serait à désirer que les princes, plus encore que les autres hommes, fussent toujours maîtres d'eux-mêmes ; mais enfin le duc de Raguse a eu le premier tort.

— C'est vrai ; va lui dire que je veux lui parler, et reviens avec lui.

Le maréchal arrive, et le Roi, après lui avoir reproché sévèrement son ordre du jour et le mouvement équivoque qui avait irrité le Dauphin, ajoute :

— Allons, il faut aller voir mon fils, et vous réconcilier avec lui.

Le duc de Raguse hésitait ; le duc de Guiche l'encourage et l'accompagne.

Le maréchal était tellement ému, qu'avant d'entrer chez le Dauphin il demanda un verre d'eau ; puis il fut introduit et, sans proférer une seule parole, il s'inclina devant le Dauphin, qui s'empressa de le relever en lui disant :

— Ah ! ce n'est pas ainsi : venez dans mes bras !

D'autres scènes devaient succéder à celle-ci :

Dans la soirée du 30 juillet, la duchesse de Berry, alarmée pour ses enfants, avait prié le Dauphin d'engager le Roi à quitter Saint-Cloud.

Sur l'avis des généraux, qui tous déclarèrent en pouvoir répondre de la famille royale, le Dau-

phin fit éveiller son père qui dormait profondément.

Deux heures après, la cour fugitive arrivait
à Trianon.

Le Dauphin resta le dernier à Saint-Cloud,
heureux, disait-il, de se trouver enfin seul au
milieu de ses soldats ; mais dans une visite qu'il
fit aux troupes stationnées à Sèvres, il aperçut
le colonel Pocque qui occupait le pont à la tête
de deux mille Parisiens. Quelques instants après,
un bataillon de la garde refusa d'obéir ; le prince
reprit le chemin de Saint-Cloud puis s'éloigna
dans la direction de Versailles.

Avant de clore ce second exil des Bourbons,
nous ne pouvons résister au désir de copier ce
passage curieux de l'histoire de Saint-Cloud par
M. Vatout :

« Le duc d'Orléans avait gagné le Raincy, à
cheval, pendant cette révolution qui allait lui
donner un trône. Dans cette course, un paysan
aperçoit le prince et son aide de camp dans les
champs d'Aubervilliers :

— Dites donc, vous autres, leur cria-t-il, est-

ce que vous allez chercher *le petit bonhomme ?*
Je gage que vous êtes pour Napoléon II et la cocarde tricolore ? »

M. Vatout ajoute que le futur Roi répondit :

— Cette cocarde me plaît beaucoup.

Mais il garde le silence sur *le petit bonhomme.*

N° 14 (*d*)

SALON DE RÉCEPTION DE S. M. L'IMPÉRATRICE

Les serrures, véritables chefs-d'œuvre de
l'art, sont de Louis XVI. Les ciselures en sont
fouillées avec un soin infini.

Quatre petits médaillons annonçant les heures, les saisons et les variations atmosphériques
datent du règne de ce malheureux prince.

Au-dessus de la cheminée, une glace sans
tain laisse apercevoir, dans un merveilleux pano-

rama , la lanterne de Démosthène et le bassin du Fer à cheval.

A propos de cette glace sans tain , il existe une tradition que nous ne pouvons passer sous silence.

Un jour Louis XVI est prié de passer chez la Reine. Il entre , et Marie-Antoinette, entourée de ses dames favorites , lui montre des costumes destinés à une petite comédie que la Reine doit jouer. Comme on le sait, la comédie de salon était la passion favorite de Marie-Antoinette.

Le Roi admire et donne son avis.

Tout en causant , la princesse de Lamballe a posé quelques ajustements, et entre autres une parure de sequins, sur la cheminée dominée par une glace *avec tain* reflétant les moindres détails de la chambre, mais cachant complétement la perspective du parc.

Tout à coup la Reine prie Louis XVI de lui passer sa parure de sequins. Le Roi s'empresse ; mais les pièces d'or sont mêlées , les soies qui les attachent sont retenues par d'invisibles crochets , et cependant Marie-Antoinette s'impatiente. La même irritation gagne bientôt le prince; il secoue parure et sequins, il fait voler le tout au loin, dans la chambre, sur la cheminée, contre la glace même.

Un bruit éclatant de verres cassés se fait entendre, et à la place de la belle glace, qui tout à l'heure encore réfléchissait les mystères de cette chambre, le Roi aperçoit le parc, la lanterne de Démosthène et les eaux des bassins. Il jette une exclamation de surprise, et se retourne consterné vers la Reine.

Au lieu de visages contrariés, il n'aperçoit que des sourires; toutes les jolies femmes qui l'entourent témoignent de la plus folle gaieté; c'est une surprise que Marie-Antoinette lui a ménagée.

En effet, celle-ci court à la cheminée, fait jouer un ressort, et la glace étamée revient bientôt couvrir la glace sans tain.

Louis XVI, habile mécanicien, admira cette invention, et l'année suivante il rendait à Marie-Antoinette surprise pour surprise; il faisait poser derrière les deux glaces, dans la profondeur du mur, un cadran avec les quatre points cardinaux. L'aiguille de ce cadran correspond avec la girouette placée sur les toits, et indique d'où souffle le vent sans qu'on ait besoin de sortir. Ce mécanisme ingénieux est l'œuvre de Louis XVI.

Nous avons aussi remarqué, dans cette même pièce, un fort beau lustre en cristal de roche de la plus belle transparence et merveilleusement taillé; il date encore de l'époque où Marie-Antoinette aimait à se reposer dans le palais de Saint-Cloud des inquiétudes de Paris, du faste de Versailles et même des berquinades du petit Trianon.

La duchesse de Berry, qui ne prit d'appartement à Saint-Cloud qu'après l'assassinat du duc, avait fait de cette pièce sa chambre à coucher.

Les souvenirs du temps passé ont été religieusement recueillis par les soins de l'impératrice Eugénie et disposés avec le goût le plus exquis.

A son retour de Crimée, le vainqueur de Sébastopol, le maréchal Pélissier, eut l'honneur d'être reçu par l'Impératrice, en l'absence de l'Empereur alors à Plombières. Le maréchal fut présenté à Sa Majesté par l'illustre maréchal Vaillant, ministre de la guerre (8 août 1856).

Le 17 juin 1857, S. M. l'Impératrice reçut, en audience particulière, M. le comte Kisseleff, qui lui remit, au nom de l'Impératrice douairière de Russie, l'ordre de première classe de Sainte-Catherine.

N° 14 (e)

CABINET DE TRAVAIL DE S. M. L'IMPÉRATRICE

Les serrures sont l'œuvre de Louis XVI.

Le bureau à cylindre est celui de ce dernier des Rois du droit divin en France.

Sur ce bureau, d'un travail accompli, Louis XVI signa, en 1790, un mandat qui sauva les premières maisons de librairie de Paris. Voici dans quelles circonstances :

Une société s'était formée entre les principaux libraires de la capitale. Entravée dans ses affaires par l'agitation du royaume, elle était à la veille de suspendre ses payements et d'entraîner dans sa chute un nombre considérable de maisons de la province, lorsque le Roi, informé de ces faits, avança sur-le-champ à cette société la somme de 150,000 livres, et engagea les propres fonds de sa liste civile jusqu'à concurrense d'une autre somme de 350,000 écus comme cautionnement.

Les termes dans lesquels l'offre de secours était conçu rehaussent encore le mérite du bienfait; nous copions ce document tel que nous le trouvons dans l'excellente *Histoire de l'Imprimerie* de M. Paul Dupont, député au Corps législatif :

« L'intérêt que m'a inspiré le sort des libraires associés et celui de nombreux ouvriers qu'ils emploient, tant à Paris qu'en province, et qui

auraient été sans ouvrage sans ce prompt secours (la caisse d'escompte et d'autres capita-
listes auxquels on s'est adressé n'ayant pu les
secourir), m'a engagé à leur faire avancer à
titre de prêt, sur les fonds de ma liste civile,
les 50,000 écus qui leur étaient indispensables
le 31 du mois dernier. Les mêmes raisons m'en-
gagent à cautionner, sur les mêmes fonds, la
somme qu'ils pourront se procurer pour compléter, avec les 50,000 écus dont j'ai fait l'avance,
la somme de 1,200,000 livres, remboursable
en dix années, y compris mon avance, à laquelle
je n'assigne pas de terme fixe de rembourse-
ment.

« A Saint-Cloud, le 4 août 1790.

« LOUIS. »

A côté de ce bureau historique on a placé
une petite table du même travail, un bijou, rare
vestige du passage de Marie-Antoinette au palais
de Saint-Cloud.

Cette pièce était la chambre à coucher de la reine Marie-Amélie; l'Impératrice l'a choisie pour son cabinet de travail.

N° 14 (f)

CABINET DE TOILETTE

Sans intérêt et sans souvenirs historiques.

ESCALIER ET VESTIBULE DE L'IMPÉRATRICE

———

Deux bas-reliefs en pierre, par Jacques Lesueur : 1° *Hippomène et Atalante;* — 2° *Fête
de Flore.*

VESTIBULE

L'Amour, statue en marbre, par Gayrard
père.

Narcisse, statue en marbre, par Pigalle (Jean-
Baptiste).

Trait de courage. — « Dans le courant de
« septembre 1798, le jeune Guillot, âgé de douze

« ans, fils d'un gendarme à la résidence de
« Saint-Pol de Léon (Finistère), sauve deux en-
« fants de son âge qui étaient venus se baigner,
« et que la mer emportait, » par Taunay (Nico-
las-Antoine).

Vue du palais et du parc de Saint-Cloud, par
Dunouy (Alexandre-Hyacinthe).

Vue d'une cascade de l'Isola di Sora (royaume
de Naples), par M. Bidauld (Joseph-Xavier).

*Mariage de deux Bressans, béni par leur
aïeul,* par M. Genod (Michel).

Paysage historique. — « La reine Audouère
précipitée dans un torrent par ordre de Frédé-
gonde; » par Boguet.

Vue des ruines du château de la Barben, en
Provence, à l'aube du jour, par M. le comte de
Forbin.

Une guérilla, par M. Jollivet (Jules).

Les Singes savants, par M. Fouquet (Louis-
Victor).

Halte en Palestine, en 1825, par M. Champ-
martin (E.).

SALLE A MANGER

Dans une lettre fort curieuse de 1688, nous trouvons la relation détaillée d'un dîner donné par *Monsieur* à Louis XIV. Le cérémonial, minutieusement raconté, mérite d'être reproduit ici. Nous copions donc textuellement :

« On se mit à table sur les neuf heures. Elle étoit dressée dans une grande salle magnifiquement parée du beau buffet de vermeil de *Monsieur*. Il y a, dans cette salle, un très-beau tableau de la bataille de Cassel, gagnée par son

Altesse Royale. Le Roy qui étoit servi par le dedans de la table (deux controlleurs servoient à droite et à gauche) avait à sa droite Monseigneur, Madame, Mademoiselle, etc. A sa gauche étoient la Reyne, madame la Dauphine, Monsieur, madame la princesse de Conty, etc. Il y eut plusieurs tables, pour tous les seigneurs de la Cour, très-abondamment et très-proprement servies, entre autres celle de M. le chevalier de Lorraine. — La table du premier maître d'hôtel étoit de vingt-quatre couverts. Il y eut trois services fort magnifiques, et cinq pour le Roy, le bout de la table où estoit Sa Majesté ayant été relevé plusieurs fois. On trouva le fruit fort beau. Chaque service fut porté par autant de personnes des livrées de Monsieur, qu'on servit de plats, le tout sans confusion. Le soupé dura une grande heure et demie. Après quoy toute la Cour passa chez Madame, où l'hostel de Bourgogne joua le *Mithridate* de M. Racine, avec la petite comédie du *Deuil*. Le lieu qui devoit servir de théâtre étoit préparé dans l'ancien sallon. Des paravents d'une très-grande beauté, entre

lesquels étaient des guéridons d'argent portant
des girandoles garnies de bougies, faisoient la
décoration de ce théâtre. Entre chaque guéri-
don, on voyait des pots remplis de toutes sortes
de fleurs, avec des vases et des cuvettes d'argent. Au fond du théâtre, il y avoit une manière
d'amphithéâtre dressé dans la grande croisée qui
regarde Paris (le salon de la Vérité). Ce n'é-
toient que fleurs dans tous les appartements et
l'on en trouvoit jusque dans le fond des chemi-
nées. J'ay oublié de vous dire que les cascades
étoient aussi garnies de pots de fleurs et qu'il y
en avoit autour de tous les bassins du jardin.
Leurs Majestez partirent à minuit pour s'en re-
tourner à Saint-Germain, fort satisfaites de la
magnificence de ce régal, qui ne pouvoit être ni
plus galant ni mieux entendu. »

La *Gazette de France* de 1659 jusqu'à 1670,
enregistre soigneusement tous les déjeuners, dî-
ners et soupers donnés à Saint-Cloud; nous renonçons à suivre cette excellente gazette dans sa
description pantagruélique.

Constatons seulement, avec le journaliste, qu'après *la bonne chère*, comme il l'écrit, il y avait presque toujours comédie française ou espagnole, puis ballet, divertissement, concert et cascades.

En général, Leurs Majestés arrivaient par eau, sur une galiote, et souvent le sieur de Saint-Laurens, maître des cérémonies, profitait d'une telle fête pour présenter quelques étrangers de distinction.

Une curieuse visite fut celle du Czar Pierre, en 1717. Le *Mercure de France* la raconte en ces termes :

« Sa Majesté Czarienne, qui n'avoit pu aller dîner les jours précédents à Saint-Cloud, à cause de quelque légère indisposition, s'y rendit le 23 (mai), avec M. le maréchal de Tessé et les principaux seigneurs de sa cour. Tout étoit préparé pour le recevoir. Monseigneur le Duc Régent se trouva à la descente du carrosse, et le conduisit dans les appartements. Après le dîner, le Czar souhaita voir les jardins et jouer les eaux ;

il parcourut le parc en entier, partie en calèche
et partie à cheval, toujours accompagné de Son
Altesse Royale, qui le reconduisit à l'endroit où
elle étoit venue le recevoir. Le Czar, revenant
par le bois de Boulogne, eut la curiosité d'entrer dans le château de Madrid. Pendant le dîner, le Czar s'étoit entretenu en allemand, avec
Madame, Charlotte de Bavière. En sortant, il
dit en souriant que *Madame* étoit fort curieuse,
qu'elle l'avoit trop questionné; mais qu'après
tout il ne lui avoit répondu que ce qu'il vouloit
bien qu'elle sût. »

Monsieur a rendu pour ainsi dire son dernier
soupir dans cette salle à manger témoin de tant
de ses joyeux repas.

Depuis quelque temps il était triste; de sombres pressentiments semblaient lui présager une
fin prochaine.

— *Monsieur* paraît bien soucieux? lui dit un
jour le chevalier de Lorraine.

— Oui, répondit le duc, je regarde ces beaux

salons, ces beaux jardins, et je songe que je dois bientôt les quitter.

Monsieur va rendre visite au roi, à Marly.

— Vous êtes bien rêveur ? remarque madame de Maintenon ; avez-vous quelque chagrin ?

On se met à table. Le duc est pris d'un saignement de nez. Le Roi fait appeler Fagon, son médecin, qui, avec sa brusque franchise, dit à *Monsieur* :

— Votre Altesse est menacée d'apoplexie ; elle ne peut être saignée trop promptement.

Le prince rejette cet avis.

— Vous verrez, observa Louis XIV, qu'une de ces nuits on viendra nous apprendre votre mort.

Quelques instants plus tard, *Monsieur* quitte son frère, retourne à Saint-Cloud, soupe, et l'apoplexie vient le surprendre avant la fin du repas, apoplexie presque foudroyante.

Le Roi est averti ; il accourt à deux heures du matin.

— Tout est fini, lui dit Fagon.

Et Louis XIV repart pour Marly.

Lorsque Napoléon Ier habitait Saint-Cloud, le mercredi avait été fixé pour son conseil des ministres, et ce jour-là, Leurs Excellences restaient à dîner avec l'Empereur, mais à Saint-Cloud seulement, jamais à Paris.

C'était une infraction à l'étiquette sévère que Napoléon Ier avait cru devoir s'imposer, lui si simple par nature et qui se serait assurément dégagé de pareilles entraves s'il eût été seulement, comme il le disait, son petit-fils. Il lui fallait tenir à distance la familiarité de certains compagnons d'armes.

Habituellement Napoléon Ier prenait ses repas seul avec l'Impératrice.

Le dimanche, au dîner de famille, on ne plaçait que trois fauteuils, le troisième était destiné à madame Mère.

Les frères et les sœurs de l'Empereur, même après leur couronnement, n'eurent la permission de s'asseoir que sur des chaises.

Le mercredi 1er mai 1811, la cour étant à Saint-Cloud, un accident arriva qui pouvait être des plus graves.

L'Empereur avait retenu ses ministres à déjeuner, et à peine sortait-il de table, que la
corde qui soutenait un lourd et magnifique
lustre en cristaux du mont Cénis se rompit. La
table fut brisée, le lustre aussi ; mais, par bonheur, personne ne fut blessé.

Louis-Philippe fit exécuter de grands travaux à Saint-Cloud ; la salle à manger ne fut
pas oubliée. Un couloir, destiné à relier cette
pièce avec l'office, fut rêvé par l'architecte
couronné, soumis à l'architecte réel, M. Fontaine, et donna lieu à une scène plaisante, ra-
contée par Frédéric Thomas avec son esprit
habituel :

« Le roi-citoyen, écrit-il, adorait la truelle et
détestait la contradiction.

« M. Fontaine avait exactement la même
affection et la même haine ; et, s'il est vrai que
les extrêmes se touchent, les semblables se heur-
tent, et c'est là ce que ne manquaient jamais de
faire l'architecte et le roi. Ils étaient vieux

tous deux, obstinés tous deux, et je vous demande s'ils laissaient échapper ces excellentes conditions pour se chamailler. On assure même qu'ils se laissaient entraîner quelquefois à un dialogue des plus honnêtement violents.

« Devant les propositions du roi, le mot de Fontaine était celui-ci :

« — C'est impossible.

« — Bah! répliquait Louis-Philippe, rien n'est impossible.

« — En politique, je ne dis pas, ripostait l'artiste; mais, en architecture, c'est bien différent. Tenez, sire, vous êtes un grand roi, mais...

« — Mais je suis un architecte déplorable; c'est ce que vous vouliez dire, continuait le roi, achevant la pensée de son interlocuteur. Ne vous gênez pas, Fontaine, dites tout ce que vous voudrez, mais exécutez mes plans.

« — Non, sire, demandez-moi tout excepté cela; sinon je serai obligé d'obtenir de vous la permission de vous désobéir.

« Et là-dessus surgissait une querelle des

plus amusantes que la reine interrompait le plus souvent et qui n'empêchait pas les deux antagonistes d'être les meilleurs amis du monde et de s'estimer tous deux, mais seulement dans leurs métiers respectifs. Le roi n'avait aucune confiance dans la politique de Fontaine, et Fontaine aucun respect pour l'architecture du roi.

« A Saint-Cloud, qui était la résidence favorite de Louis-Philippe, comme elle l'avait été de l'empereur Napoléon, le roi faisait exécuter, vers la fin de son règne, des restaurations importantes dans le plan desquelles il avait introduit un long corridor qui devait relier directement, par un chemin intérieur, la salle à manger avec l'office et les communs.

« Ce corridor, sous Louis XIV, aurait joué le rôle de la fenêtre du Grand-Trianon et mis l'Europe en feu ; mais, sous le roi-citoyen et par un système de paix à tout prix, une telle extrémité n'était pas à craindre, et tout ce qu'on pouvait redouter n'était qu'une altercation des plus vives entre l'architecte et le monarque. Fontaine devenait inabordable comme un héris-

son toutes les fois qu'on lui parlait de ce corridor. Et Louis-Philippe, qui avait des égards
pour son architecte, le ménageait, afin de l'ap-
privoiser par degrés à cette idée si antipathique
dès le début. Mais le temps et les précautions
ne gagnaient rien sur l'esprit de l'architecte ; il
était aussi horripilé et aussi réfractaire que le
premier jour. A l'en croire, ce corridor était un
non-sens, une niaiserie, une superfétation, une
absurdité, une verrue affreuse, un boyau abo-
minable. Bref, toutes les épithètes les plus
désobligeantes, il les trouvait encore trop élo-
gieuses pour ce maudit corridor, qu'il considé-
rait comme ce qu'il y a de plus barbare dans le
goût et de plus hybride dans l'art.

« Le roi, s'apercevant que ces délais n'obte-
naient aucune concession, se résolut à donner
l'assaut à la volonté revêche de l'architecte sans
faire plus longtemps le siége de la place.

« Attaqué de front, l'artiste se rebéqua avec
la dernière énergie.

« — Sire, dit-il, vous demandez là une mons-
truosité, en architecture. Par votre ordre, Per-

cier et moi, nous avons commis un premier acte de vandalisme dans votre jardin des Tuileries. J'en ai encore des remords, et je jure que je ne recommencerai pas.

« — Bah ! dit le roi, visiblement impatienté, vous boursouflez tout. Vous prêtez aux choses une importance qu'elles sont loin d'avoir. Vous aurez la bonté de faire le corridor de Saint-Cloud comme vous avez fait le *charmant* fossé des Tuileries.

« Fontaine leva les mains au ciel comme s'il eût entendu proférer un blasphème.

« — Jamais, sire, s'écria-t-il, je préfère vous donner ma démission. Ce corridor, daignez le comprendre, serait ma déconsidération et mon déshonneur.

« — Eh bien, objecta le monarque, de l'air enchanté de quelqu'un qui trouve un expédient : faites toujours, et, pour mettre votre amour-propre à couvert, nous publierons partout que c'est moi.

« — Très-bien, sire, riposta l'artiste poussé à bout. De votre côté veuillez déclarer la guerre aux Anglais, et, pour mettre votre gloire à couvert, nous publierons partout que c'est moi !

« Cette sortie abasourdit le monarque ; on nageait alors dans les pleines eaux de l'entente cordiale. Louis-Philippe sourit, mais ne fut pas désarmé. Il exigea le corridor, qui fut exécuté et qui existe. Nous ignorons toutefois si l'architecte refusa le prix du corridor de Saint-Cloud comme il avait refusé, précédemment, le prix du fossé des Tuileries. »

SALON DES VERNET

L'année 1717 fut cruelle pour les enfants légitimés de Louis XIV et de madame de Montespan. Sur la demande du duc de Bourbon, le parlement les priva de leurs noms, droits et prérogatives de princes du sang dont ils étaient en possession, ne leur laissant que le droit de séance dans son sein.

La duchesse du Maine, impatiente de toute prudence, blessée dans son orgueil, s'était écriée en s'adressant à son mari :

— Il ne me reste donc plus que la honte de vous avoir épousé !

Puis, selon les mémoires du maréchal de Villars, brisant les meubles et les glaces de son appartement des Tuileries, elle se jeta, en étourdie, dans la fameuse conspiration Cellamarre, qui devait abattre le Régent et qui consolida son pouvoir.

Plus calme et plus froid, le comte de Toulouse, également frappé dans ses plus chers intérêts, obtint une audience du Régent par l'entremise de la duchesse d'Orléans, et cette audience lui fut donnée dans le *salon des Vernet*.

Le comte de Toulouse n'eut garde de manquer au rendez-vous. Ce prince, doué d'une belle figure et d'un caractère doux et bon, était l'honneur et la vertu mêmes. Modeste, ennemi de l'intrigue, il n'apportait dans les affaires que du bon sens et de l'équité. Comme grand-amiral, il appliquait tous ses soins à la marine, et il donna des preuves de courage et d'habileté à la bataille de Malaga. Il était généralement aimé; son gracieux accueil lui gagnait tous les cœurs, et il avait ce désintéressement, cette généreuse insouciance qui, laissant à l'aise toutes les ambitions, n'excite jamais l'envie.

— C'est avec une profonde douleur, dit ce prince au Régent, que M. le duc du Maine et moi nous avons vu paraître le mémoire de MM. les princes du sang ; l'animosité de M. le duc nous afflige ; mais votre esprit de justice et de bonté nous rassure. Les honneurs et les titres qui nous ont été accordés sont une grâce émanée du feu roi ; et le roi est bien dans son royaume le souverain maître des rangs et des honneurs. Aucune loi ne détermine ceux qui sont en son pouvoir et ceux qui n'y sont pas ; si c'était par la fantaisie arbitraire de ses sujets, qu'une pareille distinction eût été faite, il faudrait abolir l'autorité royale.

— Cependant, dit en souriant le Régent, le roi est bien maître de faire des ducs et des pairs, des maréchaux de France, des gouverneurs de province ; mais des princes du sang, peut-il les faire seul ? Il faut, je crois, que la reine y soit pour quelque chose ; et, comme a dit le duc de Clermont, toute autre qu'elle gâte l'ouvrage.

— Aussi, répliqua le comte de Toulouse, nous ne prenons que la qualité de princes du sang *légitimés;* c'est une dénomination qui distingue notre naissance comme la barre de nos armes, sans porter préjudice aux princes légitimes. Quant au droit de succession au trône, je ne fatiguerai point votre attention des mille exemples que nous avons trouvés en notre faveur dans les registres de la couronne ; je me bornerai à répéter que nos prétentions ne font non plus aucun tort à Messieurs les princes. Vous avouerez du moins que ce droit intéresse la nation. C'est pourquoi nous demandons qu'à la majorité du roi, cette question soit portée devant les états généraux. Et, Monsieur, si vous daignez vous rappeler dans quels termes glorieux le feu roi m'a accordé les titres qu'on me dispute aujourd'hui, quelle honte ne serait-ce pas pour moi, si ces titres, répandus depuis trois ans par toute l'Europe, m'étaient subitement arrachés par son petit-fils. Et sous l'administration d'un prince, mon beau-frère, qui m'a toujours comblé de tant de bontés, à qui pourrais-je persuader que je ne m'en serais pas rendu indigne ?

— J'entends fort bien toutes vos raisons, répliqua le Régent, et je vous donne l'assurance que tout ce qui pourra retarder le jugement de cette affaire me fera plaisir. Madame la duchesse d'Orléans ne me laisse pas là-dessus en repos ; c'est vraiment dommage pour vous qu'elle soit trop paresseuse pour écrire ses plaidoyers comme madame la duchesse du Maine. Mais vous n'ignorez pas les instances, les menaces même de M. le duc ; je ne les crains pas ; toutefois, pour rien au monde je ne voudrais que ma régence fût aussi orageuse que la dernière. Les sanglantes pasquinades de la Fronde ne seraient nullement de mon goût. Les moindres troubles dans une minorité peuvent avoir les suites les plus fâcheuses, et mon premier désir, comme mon premier devoir, est de maintenir la tranquillité du royaume. Cependant, mon cher comte, soyez bien persuadé que je ferai tout mon possible, dans cette circonstance comme dans toutes les autres, pour concilier vos intérêts et le bien de l'État.

Cette conversation se trouve consignée dans un écrit de la main du comte de Toulouse déposé aux archives du Palais-Royal.

L'année suivante, sur l'avis conforme du Régent, le comte de Toulouse, le vainqueur de l'amiral Rook à Malaga, obtint, pour lui et ses enfants, le maintien de ses priviléges.

Moins d'un siècle après, le salon des Vernet était témoin d'une scène des plus touchantes.

Un arrêt de la cour de justice criminelle, rendu le 10 juin 1804, venait de condamner à la peine de mort Georges Cadoudal et ses complices.

Protégé par son passé, par les sympathies de l'armée, le général Moreau échappait à une condamnation capitale moins déshonorante que ne le fut sa mort dans les rangs de nos ennemis ; mais l'arrêt de la cour frappait d'autres accusés.

Parmi les condamnés à mort se trouvaient Armand de Polignac, et le marquis de Rivière.

Les démarches les plus actives furent faites auprès de l'Empereur, et Joséphine, aidée de sa fille, se chargea d'apaiser la juste indignation de Napoléon Ier.

Grâce à elle, madame de Montesson put présenter à l'Empereur madame de Polignac dans *le salon des Vernet*.

La princesse tomba aux genoux de l'homme que son mari avait voulu faire assassiner. Napoléon, ému, la releva en lui disant :

— Madame, c'est à ma vie qu'en voulait votre époux ; je puis donc lui pardonner.

Nous ne connaissons rien de plus sublime que ces paroles si simples.

— Mon Dieu, qu'elle était belle ! disait plus tard l'Impératrice Joséphine en se rappelant la douleur de madame de Polignac.

Madame Murat obtint également la grâce du marquis de Rivière. La clémence impériale s'étendit aussi sur La Jollaie, Bouvet de l'Hozier, Rochelle, Gaillard, Roussillon et Charles d'Hozier.

Sous Napoléon Ier, le salon des Vernet était affecté aux réceptions de famille.

Louis XVIII et Charles X en firent leur cabinet de travail.

Le Feu d'artifice, ou la Nuit sur terre, par Vernet (Claude-Joseph).

Le Soir sur terre, idem.

L'Orage sur terre, idem.

Le Soir à la mer, idem.

L'Orage sur mer, idem.

Soleil couchant à la mer, idem.

Rentrée des pêcheurs, ou le Soir à la mer, idem.

La Pêche, ou le Matin sur terre, idem.

N° 18

CABINET DE TOILETTE

Cette pièce servit de cabinet de toilette à l'Empereur Napoléon 1er, ainsi qu'aux rois Louis XVIII et Charles X.

Gérard y fit le portrait de Charles X, et à ce propos, il existe une anecdote singulière rapportée par le docteur Véron dans ses *Mémoires*. La voici :

« Jacquemont, le voyageur, racontait un jour à Eugène Delacroix, notre grand peintre que nous venons de perdre, qu'ayant demandé Gérard, on lui répondit qu'il était à Saint-Cloud pour un portrait de Charles X.

« Quelques instants plus tard, Gérard est de retour. Il passe devant Jacquemont sans le voir; il entre dans la cuisine qui était sous la porte cochère, et il prend place, avec une fureur concentrée, à une table où étaient assis ses domestiques.

« — Qu'on me donne du pain et du fromage, s'écrie-t-il d'une voix de tonnerre, et au diable le reste !

« Il revenait, ce jour-là, blessé de quelques-unes de ces paroles que les revenants de la Restauration n'épargnaient guère aux hommes de l'Empire.

« Or Gérard passait pour un courtisan raffiné. Un autre artiste eût-il attendu d'être chez lui pour éclater? »

Napoléon Ier, Louis XVIII et Charles X occupèrent toutes les pièces donnant sur le jardin de l'Empereur et marquées sur notre plan 18, 19, 20, 21, 22 et 23.

N° 19

CHAMBRE D'HENRIETTE D'ANGLETERRE

La disposition de cette pièce a été notable-
ment modifiée, sous le règne de Louis XVI, par
l'architecte Micque.

Quand Marie-Antoinette acheta Saint-Cloud,
toute la partie du palais qui regarde les goulottes et les parterres était dans un fâcheux état de
dégradation. Les murs de séparation du côté des
jardins furent abattus, les fossés comblés et les
nouvelles murailles, empiétant considérablement
sur le parc, cette partie du château se trouva
presque doublée.

La pièce dans laquelle nous nous trouvons était la célèbre chambre en laque de Henriette d'Angleterre. Certes, ce salon a subi d'immenses changements; mais c'est bien sur une partie de son emplacement que s'est accompli ce drame cruel de la mort de *Madame*, retracé par Bossuet avec une sublime éloquence.

Le 30 juin 1670, à deux heures et demie du matin, mourait, à vingt-six ans, dans d'épouvantables souffrances, une jeune et belle princesse, le printemps de la cour de France.

Fille d'un roi tombé sur l'échafaud révolutionnaire, chassée du palais de ses ancêtres, exilée dès son enfance, Henriette d'Angleterre semble avoir été destinée à toutes les misères comme à toutes les grandeurs humaines. Victime des amitiés douteuses de son mari, elle devait encore rencontrer, à sa dernière heure, la persécution sous la robe d'un confesseur intolérant.

Sa mère, la veuve de Charles Ier, la fille de Henri IV, était venue demander à son pays natal un asile pour ses enfants, et, reléguée par

Mazarin dans une mansarde délabrée du Louvre, le pain, le bois dans les froids les plus durs,
les vêtements, tout manquait à cette auguste in-
fortune.

C'est à cette école de la douleur que Henriette
d'Angleterre avait été élevée, comme si Dieu l'eût
prédestinée, dès ses plus jeunes années, à la
mort déplorable qu'il lui réservait.

A l'époque où cette famille royale grelottait
de froid dans les combles du vieux Louvre, et
restait au lit toute la journée faute d'habits dé-
cents, la cour de France, Louis XIV enfant, Anne
d'Autriche, manquaient aussi du nécessaire, à ce
point que les pierreries de la couronne étaient en
gage et que les pages avaient été congédiés,
faute de pouvoir les nourrir.

Et pendant ce temps le cardinal trouvait
le moyen d'amasser 40 millions !

Telle fut la misère de la veuve de Charles Ier,
qu'elle fut réduite à implorer son douaire de la
pitié de Cromwell ; le Protecteur manqua de générosité, la prière de la reine proscrite fut
écartée.

Enfin la mauvaise fortune parut vouloir cesser. Anne d'Autriche accepta la jeune Henriette pour son fils le duc d'Anjou, depuis duc d'Orléans. Un grand bal, donné à Saint-Cloud et ouvert par *Monsieur* avec la future duchesse, fut le prélude de leur union célébrée au Palais-Royal, le 30 mars 1661.

Dès ce jour, Saint-Cloud devint un séjour de délices où les fêtes succédaient aux fêtes; ne fallait-il pas oublier tant d'années douloureuses?

Lorsque Charles II fut rentré en Angleterre, Louis XIV envoya la nouvelle duchesse d'Orléans auprès de ce prince avec la mission secrète de le détacher de la triple alliance qui se formait contre la France.

En femme habile et connaissant la faiblesse de son frère, Henriette conduisit avec elle les plus belles et les plus séduisantes femmes de la cour de France. Au milieu d'elles brillait mademoiselle de Kéroual.

La sœur de Charles II revint peu de temps après; elle rapportait un traité d'alliance avec

Louis XIV, et un autre traité qui partageait la Hollande, comme en 1635 la Flandre avait été divisée avec les Hollandais. En revanche, mademoiselle de Kéroual restait à Londres et commençait de régner sur les trois royaumes unis comme sur le cœur du voluptueux fils de Charles Ier, qui, lui non plus, n'avait rien appris dans son long exil. Bientôt la belle de Kéroual devint la brillante duchesse de Portsmouth, sur laquelle les *Mémoires de Grammont* nous ont laissé d'amusantes révélations.

Tout à coup, « O nuit désastreuse ! ô nuit effroyable ! où retentit comme un éclat de tonnerre cette étonnante nouvelle : *Madame* se meurt ! *Madame* est morte ! Au premier bruit d'un mal si étrange, on accourut à Saint-Cloud de toutes parts ; on trouva tout consterné, excepté le cœur de cette princesse. Partout on entend des cris, partout on voit la douleur et le désespoir et l'image de la mort. Le Roi, la Reine, *Monsieur*, tout est abattu, tout est désespéré, et il me semble que je vois l'accomplissement de cette parole du prophète : « Le roi pleurera, la princesse sera

« désolée, et les mains tomberont au peuple, de
« douleur et d'étonnement. »

Ces sublimes paroles, Bossuet seul pouvait les
rouver pour peindre cette scène de désolation ;
mais sous cette peinture imagée, le fin courtisan
se gardait bien de rien laisser percer du drame
lugubre dont la cour et la ville s'entretenaient à
voix basse, et que nous allons raconter.

Dans la maison de *Monsieur* se trouvait un
jeune homme ambitieux, avide de plaisirs, de
domination, et qui régnait en despote sur le
faible esprit du duc d'Orléans. C'était le chevalier de Lorraine.

Respectueux avec *Madame* dans les premiers
temps, il lui fit bientôt sentir qu'il était plus
maître qu'elle à Saint-Cloud et au Palais-Royal.
La duchesse se plaignit, elle essaya de parler en
maîtresse ; son autorité fut méconnue et forcée
de plier devant la volonté du chevalier fort de ce
qu'on appelait l'amitié de *Monsieur*.

Bientôt la lutte s'établit tellement violente
entre Henriette et le favori, que la mort ou l'exil
de l'un des deux devait seul y mettre un terme.

Madame le comprit ; elle obtint du Roi que le chevalier fût éloigné.

A cette nouvelle le duc d'Orléans s'évanouit, fondit en larmes, se jeta aux genoux de Louis XIV, ne put rien obtenir et s'enfuit cacher sa désolation et sa honte dans son château de Villers-Cotterets, pauvre vieux manoir tombé si bas à cette heure qu'il sert de dépôt de mendicité.

Monsieur avait du sang de Louis XIII dans les veines, et au dire de Tallement des Réaux, le seul historien peut-être qui ait osé signaler cette ignominie, le roi Louis XIII servait de pendant au roi Henri III.

Aussi le chevalier de Lorraine, exilé à Rome, comprit qu'un forfait même lui serait pardonné par son maître, pourvu qu'il ne tardât pas à revenir. Le crime fut donc arrêté.

Un jour, ses deux plus intimes amis, hommes de sac et de corde : *d'Effiat*, premier écuyer de *Monsieur*, et le *comte de Beuvron*, capitaine de ses gardes, reçurent à Saint-Cloud un coffret soigneusement scellé.

Ce que contenait ce coffret, c'était la mort de

Madame, c'était une lettre et une petite boîte.

La lettre, aussitôt lue, fut soigneusement brûlée.

La boîte, d'Effiat la plaça dans sa poche, et se rendit chez Morel-Simon, maître d'hôtel de la duchesse.

Henriette avait l'habitude de boire de l'eau de chicorée sauvage. C'était la mode alors, les femmes pensaient conserver ainsi la fraîcheur de leur teint.

Le verre dans lequel on versait cette eau à la princesse restait enfermé dans une armoire dont Morel-Simon seul avait la clef; Saint-Simon, auquel nous empruntons la plupart de ces détails, nous le confirme, ainsi que la princesse palatine dans ses lettres.

Cette clef, comment se trouva-t-elle entre les mains de d'Effiat, nous ne savons; mais toujours est-il qu'un valet de service passant, par hasard, aperçut le premier écuyer tenant le verre de *Madame* devant l'armoire ouverte, et qu'il s'en étonna, ce qu'il révéla dans l'instruction secrète?

C'était un dimanche. La duchesse, après avoir

entendu la messe, était entrée voir sa fille, cette Marie-Louise si belle, si infortunée, qui brilla un moment sur le trône d'Espagne à côté d'un prince imbécile, et dont la mort tragique devait rappeler un jour celle de sa mère.

Le dîner fut servi, Henriette mangea comme d'habitude et vint se reposer sur un sopha.

Peu après elle demanda son verre de chicorée.

La comtesse de Lafayette donna l'ordre de servir, et Morel-Simon apporta sur un plateau la carafe et le verre.

Comme la chaleur était accablante, la comtesse de Soissons s'était fait également donner un verre.

Henriette s'en aperçut, et, de loin, lui offrit le sien.

Morel-Simon trembla.

Mais la comtesse de Soissons, placée à l'extrémité de la pièce, avait déjà bu.

Madame vida son verre et se mit à sommeiller.

La comtesse de Soissons remarqua, non sans surprise, que son visage s'altérait.

Tout à coup Henriette se réveille en sursaut. Elle est pâle; elle se plaint d'une violente douleur à l'estomac et au côté; elle veut se lever, ses jambes se dérobent sous elle; on la porte sur son lit.

Ses souffrances augmentent à un tel point qu'elle jette des cris; le docteur Esprit, son médecin, accourt; il répond de sa vie.

Monsieur entre.

— Embrassez-moi, lui dit la duchesse.

Il la couvre de larmes et de baisers.

— Je meurs empoisonnée, s'écrie Henriette.

On apporte la carafe d'eau de chicorée, on l'essaie, elle reste inoffensive; d'ailleurs la comtesse de Soissons a bu de cette même eau.

On examine le verre de *Madame;* mais il a été soigneusement lavé. Aucune trace, aucun indice.

Henriette avait réclamé le secours d'un confesseur, l'abbé Feuillet, curé de Saint-Cloud, se présente.

14

C'est ce même abbé qui fit un jour au duc d'Orléans cette réponse si connue :

— Eh! Monseigneur, mangez un bœuf, mais soyez chrétien !

Par malheur, au lit de mort de *Madame*, cette élévation de sentiments fit place à une sévérité excessive. L'abbé Feuillet nous a laissé, par écrit, la confession de sa pénitente à l'agonie, et devant ce lit de mort et de longues souffrances, le prêtre, l'homme de la suprême consolation, l'ange de la dernière heure, au lieu d'enseigner à cette pauvre créature de Dieu qui s'éteignait les vérités célestes qui rendent moins pénible le passage de notre existence éphémère dans une vie éternelle, ne savait lui dire que ces phrases cruelles : « Vous n'êtes qu'une misérable pécheresse, qu'un ver de terre qui va tomber et qui se cassera en pièces, et de toute cette grandeur il ne restera aucune trace... Laissez les médecins, ne pensez plus à votre corps, sauvons seulement votre âme. »

Le petit abbé de village se vengeait-il à cette heure, qui lui livrait un des grands de la terre,

de son humilité forcée et d'une ambition inas-
souvie; qui sait?

Pendant cette confession, comme la princesse
étouffait, Guessin, médecin de Paris, la saigna
au pied.

Le Roi arriva vers onze heures du soir. Il ne
put contempler sans une douloureuse émotion
les ravages causés par le poison.

— Ne pleurez pas, sire, lui dit Henriette,
vos larmes affaiblissent mon courage, et j'en ai
besoin pour mourir. Demain la première nouvelle que vous apprendrez à Versailles sera celle
de ma mort.

Louis XIV s'éloigna, *Madame* reçut l'ambassadeur d'Angleterre et l'entretint un peu de
temps du Roi son frère.

A cet instant Bossuet entra et lui adressa
quelques-unes de ces douces exhortations telles
que le cœur d'un homme comme lui savait les
trouver, et que l'abbé Feuillet aurait bien dû
rencontrer.

— Vous donnerez à **M.** de Condom, lorsque
je serai morte, dit Henriette à sa première femme

de chambre, l'émeraude que j'avais fait préparer pour lui.

Bossuet lui présenta le crucifix. Elle le porta à ses lèvres et elle expira.

Après les regrets vinrent les soupçons.

L'ambassadeur de Charles II parla de poison et demanda une autopsie.

Le corps fut exposé dans l'antichambre qui précédait la chambre de laque.

L'ambassadeur, plusieurs lords, un médecin et un chirurgien anglais, les docteurs Vallot, Félix, Daquin, Brayer, Bourdelot, Lachambre et autres firent l'ouverture et déclarèrent que *Madame* était morte du *choléra* (*Relation de la maladie, mort et ouverture du corps de* MADAME, *par l'abbé Bourdelot, médecin*).

Mademoiselle de Montpensier, après sa visite à *Madame*, dit ne pas croire au poison. Voltaire se moque du poison, mais la princesse palatine, seconde femme de *Monsieur*, affirme que Henriette fut empoisonnée, et qu'il est impossible de le nier. Ce ne fut point, dit-elle, l'eau de chicorée que l'on empoisonna, ce fut le gobelet de vermeil.

Nous avons raconté de quelle manière.

La princesse palatine continue ainsi :

« Un valet de chambre, que j'ai eu moi-même pendant longtemps, qui est mort maintenant, qui était alors au service de *Madame*, et qui lui fut toujours attaché, me dit que, le jour de cette affreuse catastrophe, le matin, *Monsieur* étant à la messe, d'Effiat était venu entr'ouvrir l'armoire, avait pris la tasse, le gobelet de *Madame*, et l'avait frotté avec un papier ; que lui, valet de chambre, lui avait dit : Monsieur, que faites-vous à notre armoire? Pourquoi touchez-vous au gobelet de *Madame?* que l'autre lui avait répondu : « Je crève de soif ; je cherchais à boire ; et, voyant le gobelet de *Madame* poudreux, je l'ai nettoyé avec du papier le mieux que j'ai pu. » L'après-dîner *Madame* demanda de l'eau de chicorée ; aussitôt qu'elle l'eut avalée, elle s'écria : « Je suis empoisonnée. » Tous ceux qui étaient présents burent de cette même eau de chicorée, mais pas dans le même gobelet; cela ne leur fit rien. »

Plus loin, la princesse palatine ajoute :

« Le Roi couché se relève, envoie chercher Brissac, qui dès lors était dans les gardes et fort sous sa main ; lui commande de choisir six gardes du corps, bien sûrs et bien secrets, d'aller enlever Morel-Simon, maître d'hôtel de *Madame* et de le lui amener dans son cabinet. Cela fut exécuté avant le matin. Dès que le Roi l'aperçut, il fit retirer Brissac et son premier valet de chambre, et, prenant un visage et un ton à faire la plus grande terreur : « Mon ami, « lui dit-il en le regardant depuis les pieds « jusqu'à la tête, écoutez-moi bien! Si vous « m'avouez tout, que vous me répondiez la vé- « rité sur ce que je veux savoir de vous, quoi « que vous ayez fait, je vous pardonne, et il « n'en sera jamais mention; mais prenez garde à « ne pas me déguiser la moindre chose, car, si « vous le faites, vous êtes mort avant de sortir

« d'ici. *Madame* n'a-t-elle pas été empoisonnée ?

« — Oui, sire, répondit-il, — Et qui l'a em-
« poisonnée et comment? » dit le Roi. Il répondit que c'était le chevalier de Lorraine qui avait
envoyé le poison à Beuvron et à d'Effiat, et il
raconta au Roi ce que je viens de dire. Alors le
Roi redoubla d'assurances de grâces ou de menaces de mort. « Et mon frère, dit le Roi, le
« savait-il? — Non, sire, aucun de nous trois
« n'était assez sot pour le lui dire ; il n'a point
« de secrets, il nous aurait perdus.» A cette réponse, le Roi fit un grand « Ah!... » comme un
« homme oppressé qui tout d'un coup respire.

« — Voilà, dit-il, tout ce que je voulais sa-
« voir... »

« Et Brissac rendit la liberté à cet homme. C'est
cet homme lui-même qui l'a conté, longues années depuis, à M. Joly de Fleury, procureur
général du Parlement, *duquel je tiens cette
anecdote.* »

Que pourrions-nous ajouter, après cette
lettre, de la princesse palatine?

Le 1ᵉʳ juillet le caveau royal de Saint-Denis se referma sur cette jeune et charmante princesse ; puis, chose monstrueuse, peu après, le chevalier de Lorraine reprit sa place auprès de *Monsieur*, et, chose plus monstrueuse encore peut-être, Louis XIV, qui avait la certitude du crime, allait parfois dîner chez ce misérable, à son château de Frémont, lorsqu'il revenait de Fontainebleau.

La mère de Henriette d'Angleterre avait fondé, en 1651, le couvent de la Visitation de Sainte-Marie, à Chaillot. Les cœurs de Henriette de France, de Jacques Stuart II et de Marie-Louise d'Orléans y furent déposés. En 1810, sur l'emplacement de ce couvent, on plaça les premiers jalons du palais du *Roi de Rome*.

Henriette d'Angleterre occupait, à St-Cloud, toutes les chambres qui donnent sur les parterres de l'Orangerie. Plus tard, le duc et la duchesse de Chartres s'y établirent, puis l'Empereur Napoléon 1ᵉʳ, enfin le duc et la duchesse d'Orléans, sous la royauté de Juillet. Aujourd'hui ces chambres sont destinées aux personnages

illustres que S. M. l'Empereur Napoléon III reçoit à Saint-Cloud.

Au nombre des médecins qui soignèrent Henriette à sa dernière heure nous avons vu que
se trouvait le docteur Vallot. Voici l'épigramme
qui circula contre lui :

> Le croirez-vous, race future,
> Que la fille du grand Henri
> Eut, en mourant, même aventure
> Que feu son père et son mari?
> Tous trois sont morts par assassin,
> Ravaillac, Cromwel, médecin :
> Henri, d'un coup de baïonnette·
> Charles finit sur un billot,
> Et maintenant meurt Henriette
> Par l'ignorance de Vallot.

Pendant l'invasion de 1815, Blücher a souillé
cette chambre de ses excès; il y a couché tout
le temps de son séjour à Saint-Cloud.

Malheureux dans tous ses commandements
militaires, sans instruction, officier sans noblesse
d'âme, humilié par ses nombreuses défaites,
l'ancien porte-étendard des hussards suédois,
le feld-maréchal Blücher, prince de Wahlstadt,

prit un véritable plaisir à transformer cet admirable palais en un sale chenil.

Parodiste affecté de Souwarow, suivi d'une meute de chiens qu'il faisait coucher sur les lits, sur le canapé de l'Impératrice, il se plaisait à souiller de ses bottes les draperies et les rideaux du lit de son ancien vainqueur. Il s'y vautrait tout habillé et déchirait les dentelles avec ses éperons.

En quittant Saint-Cloud, qu'il avait pillé, il oublia dans ses bagages les portraits de la famille impériale, quelques tableaux de prix, et même une pendule qui a retrouvé son ancienne place depuis le second empire. Depuis, cette pièce fut la chambre de madame la duchesse d'Orléans.

Tout récemment, la chambre de Henriette d'Angleterre vient d'être l'objet de la restauration la plus complète. D'admirables boiseries sculptées, avec médaillons d'émail bleuâtre, en font une merveille de l'art. Jamais la sculpture sur bois ne s'est montrée plus remarquable; jamais, à aucune époque, le chêne ne fut mieux fouillé, ciselé, découpé que dans ces bouquets et ces gerbes de fleurs et de feuilles, mille fois plus précieux que l'or dont on décore trop souvent les lambris des palais.

SALON ROUGE

Sous le règne de Napoléon Ier, la bibliothèque y avait été installée, et, grâce aux soins de l'Empereur, des livres fort rares étaient venus se ranger sur les rayons.

En 1816, la grossière ignorance de Blücher amena la destruction de ces richesses, respectées l'année précédente par le prince de Schwartzemberg avec une sollicitude éclairée qui honore son nom.

C'est dans ce salon qu'en 1815 les commissaires français trouvèrent Blücher, le général

Gneisnau, chef d'état-major de l'armée prussienne, et le colonel anglais Hervey, qui représentait Wellington.

L'attitude hautaine des étrangers, l'espoir que le général Guilleminot avait de ressaisir la victoire sous les murs de Paris, où se trouvaient encore 25,000 hommes de cavalerie, 60,000 hommes d'infanterie et plus de 100 bouches à feu sous les ordres du maréchal prince d'Eckmühl, les exigences des vainqueurs faillirent rompre plus d'une fois les négociations. L'arrivée de Wellington fit cesser les hésitations.

Il prit une note rédigée par M. Bignon, passa dans une autre pièce pour l'examiner avec Blücher, écrivit, en marge, quelques observations, et remit le tout aux commissaires.

En regard de l'article 12 de la note, Wellington avait inscrit : *Accordé*.

Or cet article concernait la sûreté des personnes.

Un des commissaires cita quelques noms fort compromis, entre autres celui du *maréchal Ney*, demandant si l'amnistie les concernait. « *Cela ne peut faire difficulté,* » répondit Wellington.

C'est à ce moment même que fut répandue à profusion, dans Paris, la brochure, presque introuvable aujourd'hui, de la *Déclaration de l'Empereur de Russie*, par Bruguière, du Gard, manifeste plein de hardiesse et d'amour pour l'Empereur, qui fit jeter l'auteur en prison et faillit amener une éclatante scission entre les Alliés.

Sous la Restauration, le *salon rouge* resta bibliothèque, tout en devenant salle du conseil.

Le 25 juillet 1830, le roi Charles X et ses ministres y signèrent les *Ordonnances*.

En ouvrant les portes et les fenêtres de la *Bibliothèque* actuelle (n° 8), du *salon de la Vérité* (n° 5), et du *salon rouge*, on jouit de la vue la plus admirable.

CHAMBRE A COUCHER

Elle servait de chambre à coucher au comte de Paris.

Toutes les pièces contenues sous les numéros 18, 19, 20, 21 et 22, ainsi que celles situées au-dessus, au deuxième étage, sont destinées aux princes et aux étrangers de distinction que l'Empereur reçoit à Saint-Cloud.

Elles ont été successivement habitées par S. M. la reine d'Angleterre, le prince Albert, le roi de Portugal, le roi de Suède et de Norvége, et le prince Oscar, son frère, l'archiduc Ferdi-

nand-Maximilien-Joseph, frère de l'empereur
d'Autriche, le duc et la duchesse de Brabant,
madame la comtesse de Montijo, madame la duchesse d'Albe, madame la duchesse d'Hamilton,
et autres personnages.

Nᵒ 22

CHAMBRE A COUCHER

—

Même indication que pour la pièce précédente.

SALON DE GRANIT

Sous Napoléon Ier, cette pièce servait de salle de billard.

Sous Charles X, on en fit une chambre pour les gardes du corps.

Avant 1830, on y voyait tous les généraux vendéens. Ces divers portraits ont été dispersés.

Louis-Philippe fit enlever ces portraits, dont une partie vint enrichir le musée, d'autres Versailles.

Après avoir signé les *Ordonnances de juillet,*

les ministres de Charles X sortirent par le salon de granit ; ils étaient pâles et soucieux.

Au 19 brumaire, les troupes furent introduites dans l'*Orangerie* par le salon de granit et le petit escalier.

ORANGERIE

A droite du palais s'étendait sur les parterres un bâtiment spacieux et triste; c'était l'*Orangerie*. Elle vient d'être supprimée, ainsi que la *salle de spectacle*, remplacée par une fort belle avenue d'arbres entremêlés de vases et de statues de marbre. L'*Orangerie* était sans style, sombre et disgracieuse; l'avenue est riante et royale, ne regrettons donc pas cette métamorphose; seulement, comme les événements les plus considérables ont eu lieu dans l'*Orangerie*, nous manquerions à notre devoir d'historien en les passant sous silence.

L'Orangerie, sous le Directoire, devint la salle des séances du conseil des Cinq-Cents, pendant que le conseil des Anciens s'assemblait dans la *galerie d'Apollon*.

Au 19 brumaire, on n'était pas sans inquiétude sur les dispositions des membres du conseil des Cinq-Cents. Siéyès avait proposé la veille de faire arrêter, pendant la nuit, quarante députés dont il prévoyait la résistance.

« — Les demi-mesures, disait-il avec raison, compromettent toujours tout. »

Mais Lucien, comptant sur son influence, combattit cette opinion, qui fut écartée par Bonaparte lui-même.

Le 19 brumaire, les membres du Conseil des Cinq-Cents, inquiets des bruits répandus depuis plusieurs jours, virent avec surprise l'appareil militaire déployé dans la cour d'honneur et dans le parc.

En arrivant avec son régiment, le colonel Sébastiani, depuis maréchal de France, trouva le général Bonaparte occupant l'une des pièces la moins délabrée du château et le plus rapprochée de l'Orangerie.

Il était huit heures du matin, l'agitation était extrême, le colonel jugea prudent de ne pas laisser ses soldats communiquer avec les représentants.

A midi, la musique militaire, faisant entendre *la Marseillaise*, annonça l'ouverture de la séance dans l'*Orangerie*.

Au moment de l'appel nominal pour la prestation du nouveau serment à la Constitution, Bonaparte se présenta, accompagné seulement de quelques grenadiers.

Des protestations outrageantes et d'une excessive véhémence s'élevèrent : « A bas le tyran ! » crièrent les uns ; « Hors la loi le nouveau Cromwell ! » hurlèrent les autres.

Le député Destrem lui frappa sur l'épaule et lui dit :

— Voilà donc pourquoi vous avez remporté tant de victoires !

Bigonnet lui saisit le bras en s'écriant :

— Hors d'ici, téméraire ! vous violez le sanctuaire des lois !

Quelques députés se groupèrent hostilement devant lui ; et le danger parut assez grand pour que le général Lefèvre entrât suivi d'un peloton de grenadiers.

— Sauvez votre général ! s'écria-t-il.

Et Bonaparte fut entraîné hors de la salle.

A peine fut-il sorti que le tumulte redoubla ; malgré les efforts de Lucien, qui rappelait aux représentants les services immenses rendus par son frère, sa gloire, ses victoires.

On demanda la mise hors la loi de Bonaparte, et Lucien fut sommé de mettre ce décret aux voix, en sa qualité de président.

Il refusa énergiquement et déposa aussitôt les insignes de la présidence sur le bureau. Un peloton de grenadiers, envoyé par son frère, protégea sa sortie.

Lucien monte alors à cheval et harangue les troupes.

— Vous ne reconnaîtrez, leur dit-il, pour législateurs de la France que ceux qui vont se

rendre auprès de moi. Quant à ceux qui resteront dans l'*Orangerie*, que la force les expulse.

En effet, pendant que les députés, sous la
présidence de Chazal, protestent contre la violence dont ils sont l'objet, les troupes font éva-
cuer la salle.

Lucien se rend aussitôt dans la *galerie d'A-
pollon* et propose de réunir les deux Conseils.

Cette réunion se constitue dans l'*Orangerie*,
et l'exclusion de soixante membres est décrétée.

Le Directoire est aboli.

Une commission consulaire exécutive le rem-
place. Elle est composée de *Siéyès, Roger-Ducos* et *Bonaparte.*

Tous trois prêtent le serment accoutumé, « *à
la souveraineté du peuple, à la liberté, à l'égalité
et au système représentatif.* »

On déclare que les généraux et les troupes
ont bien mérité de la patrie.

— Qui de nous présidera ? demande Siéyès
à la première réunion de la commission consulaire au Luxembourg.

— Vous voyez bien que c'est le général qui préside, répond Roger-Ducos.

— A présent, dit Siéyès à quelques personnes, vous avez un maître. Il sait tout, il fait tout, il peut tout.

Ainsi se termina la révolution de brumaire, sans effusion de sang.

Lors du baptême du fils aîné de la reine Hortense, Leurs Majestés et leur cortége traversèrent l'*Orangerie*, brillamment décorée, illuminée par mille feux de couleur, et se rendirent de là dans la salle de spectacle.

Sous Louis-Philippe, on avait retranché le quart de l'*Orangerie* pour en faire un escalier à la salle de spectacle et un gymnase au comte de Paris ; nous avons dit, au début de notre récit, que ce bâtiment venait d'être entièrement démoli.

SALLE DE SPECTACLE

Ce bâtiment, ainsi que l'*Orangerie*, vient d'être démoli.

Une petite salle fut construite en 1743.

Jusque-là, on se contentait de faire jouer la comédie entre deux paravents, soit dans la galerie d'Apollon, soit dans tout autre salon.

La chronique du temps nous apprend qu'à la naissance du duc de Bourgogne, des demoiselles représentèrent une comédie, en musique, mêlée de ballets, ayant pour titre : *L'Automne à Saint-Cloud.*

Il est regrettable que cette pièce n'existe plus : elle serait fort curieuse, car elle était composée de toutes les aventures qui s'étaient passées dans le château. Le prologue célébrait la naissance du prince ; il était chanté par la nymphe de Saint-Cloud et la nymphe de Versailles.

Une fois la salle de théâtre terminée par la volonté de Louise-Henriette de Bourbon-Conti, le duc Louis-Philippe d'Orléans, fils du Régent, fut forcé de subir le spectacle, et ce dut être rude au cœur d'un prince qui venait de faire brûler la *Léda*, un chef-d'œuvre beau comme la Vérité.

En 1803, cette salle de spectacle fut démolie afin de dégager les bâtiments et d'ouvrir un chemin qui conduisît directement à la Malmaison.

L'Empereur fit alors élever la salle qui vient d'être détruite, et qui prolongeait l'Orangerie.

Le soir du baptême du prince Napoléon-Louis, fils de S. A. I. Monseigneur le prince Louis, Leurs Majestés impériales, Madame Mère, les princes et princesses, toute la cour, le corps diplomatique et les hauts dignitaires de l'État assistaient à une brillante représentation d'*Atha-*

lie, jouée par les principaux artistes de la Comédie-Française, avec des chœurs empruntés à l'Académie impériale de musique.

L'Empereur Napoléon 1er aimait le Théâtre-Français, le décret de Moscou en est la preuve.

Il fit donner à Saint-Cloud la première représentation de *Les États de Blois*, de Raynouard, le 22 juin 1810. Arrêtée par la censure, la pièce ne fut jouée à Paris que sous la Restauration. Elle n'eut aucun succès, bien que Talma remplît le principal rôle. Sa célébrité passagère n'avait été due qu'aux rigueurs stériles de la commission d'examen dramatique.

La salle de spectacle est précédée de deux petits salons d'attente destinés à Leurs Majestés.

Sous Napoléon 1er, on ouvrait parfois la large porte du fond qui donne sur la scène et qui sert à introduire les décors, et de là le regard pouvait s'étendre sur les brillantes illuminations du parterre. Le coup d'œil était ravissant.

Le parterre était presque entièrement occupé par les généraux, les sénateurs et les conseillers d'État; les loges de premières étaient remplies par les princes et princesses de la famille impériale et les dames d'honneur. Aux secondes se plaçaient toutes les personnes attachées à la cour et les invités. L'*Orangerie*, qu'il fallait traverser, étalait ses plus beaux diamants en offrant à l'admiration des spectateurs les plantes et les fleurs les plus rares.

Jamais l'impératrice Joséphine ne fit jouer pendant l'absence de l'Empereur ; Marie-Louise, au contraire, ouvrit deux fois par semaine le théâtre de Saint-Cloud.

Lorsque Napoléon 1er revenait, la tragédie rentrait à sa suite. Parfois, apprenant qu'une pièce était interdite par la censure, il voulait apprécier par lui-même, juger de l'effet scénique, et l'ouvrage était représenté à Saint-Cloud. C'est grâce à cette curieuse cour de cassation que les *Vénitiens* d'Arnault durent de voir le jour.

Une nouvelle salle de spectacle doit être prochainement construite ; en attendant, la comédie s'est réfugiée dans la *galerie d'Apollon*.

Les numéros 26 jusqu'à 30 du plan se rapportant à des escaliers et à des pièces sans intérêt, nous les passons sous silence.

———

COUR D'HONNEUR

Une grille élevée sur la place du pont de Saint-Cloud formait autrefois l'entrée de l'avenue qui conduit au palais. A l'extrémité de cette avenue, se trouve une autre grille précédant l'avant-cour qui donne accès dans la cour d'honneur.

Le corps de logis, situé au fond de cette cour d'honneur, a été construit par Girard ; il a 144 pieds de façade sur 72 d'élévation. Il est orné de pilastres corinthiens, placés sur un soubassement, et de bas-reliefs au-dessus des croisées. Son avant-corps, composé de quatre colonnes, supporte un entablement surmonté d'autant de statues, symboles de la Prudence, de la Force, de la Gloire et de la Richesse. Au-dessus, règne un attique servant d'amortissement; dans le fronton se trouve un cadran que le Temps découvre, avec des amours représentant les quatre parties du jour. On a joint à cette façade deux ailes du dessin de Lepautre. Un ordre dorique, couronné de balustrades, avec des avant-corps ornés de frontons, dans l'un desquels on voit la Victoire et dans l'autre la Paix, forme l'architecture de ces ailes, décorées de huit statues dans des niches. Celles de la droite sont Mercure, Calliope, Bacchus et Hébé; celles de la gauche sont Momus, la Paix, Bacchante, la Richesse; elles ont été sculptées par Cadène et Lepautre, comme l'indique M. Vatout, à qui nous empruntons ces détails.

Les deux piédestaux qui forment des guérites ont été décorés de statues colossales en pierre représentant la Seine et l'Oise. Le premier de ces ouvrages est de Mallet, le second de Nanteuil. (*Domaine de la couronne*, Saint-Cloud.)

Le 26 septembre 1860, après la signature du traité de Paris, qui assurait la paix entre la

Russie et la France, le général Pierre Schouvaloff, grand-maître de la police à Saint-Péters-
bourg, et son frère, M. le comte Paul Schouvaloff, tous deux aides de camp de l'empereur
de Russie, assistés de M. le général Fleury, premier écuyer de l'Empereur, eurent l'honneur de
présenter à Sa Majesté quatre chevaux qui lui
étaient envoyés en cadeau par S. M. l'empereur
Alexandre. Ces chevaux magnifiques sont de
race Orloff, si réputée, et sortaient du haras impérial de Chrenovskoy. Ils avaient été choisis,
entre un très-grand nombre, par l'Empereur
lui-même, et pendant les soixante jours que le
convoi avait dû mettre pour venir du fond de
la Russie en France, ils avaient été l'objet des
plus grands soins.

Un vétérinaire, quatre hussards et un sous-
officier de la garde impériale, qui les avaient
accompagnés jusqu'à Paris, assistaient en
grande tenue à la présentation.

L'Empereur Napoléon a beaucoup admiré la
force et l'élégance de ces chevaux d'élite, et il
a témoigné aux comtes Schouvaloff combien il

était sensible à une attention qui montrait les rapports d'amitié des deux souverains. Sa Majesté les a chargés d'être auprès de l'Empereur de Russie les interprètes de ses remerciements. (*Moniteur* du 27 septembre 1860.)

REZ - DE - CHAUSSÉE

L'aile gauche renferme les appartements de
S. A. le Prince Impérial. Ces appartements se
composent des pièces qui se trouvent en entrant
dans la cour d'honneur et s'étendent jusqu'au
vestibule du fer à cheval.

Pendant le règne de Napoléon Ier, ce même
appartement était celui du roi de Rome, qui en
sortait souvent dans sa calèche attelée de deux
moutons blancs.

Sous la Restauration, le comte d'Artois occupa
cette partie du rez-de-chaussée jusqu'à son avénement au trône.

Après la mort de Louis XVIII, la duchesse de
Berri en prit possession.

Sous la branche cadette de Bourbon, Madame
Adélaïde, qui montait difficilement un escalier,
avait choisi le rez-de-chaussée.

La partie de l'aile gauche, qui vient après le vestibule du fer à cheval, et qui s'étale au-dessous des pièces numérotées sur notre plan 12 (B), 12 (C), 14 (B), 14 (C), forme les appartements du grand maréchal du palais. Ces importantes fonctions sont à cette heure confiées à l'un de nos plus illustres maréchaux, M. le comte Vaillant, ministre de la maison de l'Empereur et des beaux-arts, et l'un des membres les plus éminents de l'Institut. M. le maréchal Vaillant était le chef d'état-major de l'Empereur, en 1859, pendant la guerre d'Italie, et c'est lui qui conduisit, en qualité de général du génie, le siége de Rome. A la tête de soldats comme à la tête de savants, au camp comme à l'Institut, S. Exc. le maréchal Vaillant sait toujours se faire distinguer.

Le reste de l'aile gauche, jusqu'à l'escalier de l'Impératrice, est occupé par le général Rollin, adjudant général des palais impériaux.

PIÈCES DÉTRUITES

Les changements introduits par divers archi-
tectes ont amené la destruction d'un certain
nombre de salons remarquables. Nous signa-
lerons le *salon d'Énée*, détruit pour bâtir l'escalier de la Reine. On y voyait sept tableaux
dont les sujets, tirés de l'*Énéide*, étaient peints
par Antoine Coypel.

Le *salon de Flore;* le plafond représentait
l'Amour et Flore, par Antoine Coypel.

Le *salon d'Armide*, ainsi nommé des sujets
relatifs à l'opéra d'*Armide*, peints par Pierre,
premier peintre du Roi. Il était situé dans l'aile
droite du palais.

La chambre en laque de Henriette d'Angleterre

où cette princesse est morte. Elle était située dans les appartements occupés par la dernière duchesse d'Orléans. La façade de cette partie du château, du côté du parterre de l'Orangerie, appelait d'urgentes réparations ; elle fut toute changée par Marie-Antoinette. On reporta la façade à dix pieds en avant.

Dans le *salon de Diane* conservé, on voyait autrefois un tableau de Rubens représentant Diane et ses Nymphes au retour de la chasse ; et Énée portant son père et tenant son fils par la main, par Michel-Ange Caravage.

L'*ancienne Chapelle* a été détruite pour y placer le grand escalier (*Saint-Cloud* par Adolphe Joanne).

L'*Orangerie* et la *salle de Spectacle* ont disparu récemment.

PARC ET JARDINS

Il fallait le génie de Lenôtre pour tailler un
chef-d'œuvre dans cette chaîne de montagnes ;
un prodige était néeessaire, Lenôtre l'accom-
plit.

Le parc contient aujourd'hui 392 hectares.

Le château et ses dépendances renferment,
outre les appartements de l'Empereur et de
l'Impératrice, quarante-cinq appartements de
maître, six cents logements de suite, des écuries pour deux cent trente chevaux, remise
pour vingt voitures, corps de garde pour
180 hommes d'infanterie et 3/4 de cavalerie,
non compris la caserne des gardes du corps, qui

contient 1,500 hommes d'infanterie et 150 de cavalerie.

Les eaux qui embellissent les jardins et alimentent le grand jet et la grande cascade, ainsi que les divers bassins placés autour du château, proviennent des étangs de Ville-d'Avray; elles se réunissent au grand réservoir du parc, à 81 mètres au-dessus du niveau de la Seine. Leur volume total, en y ajoutant celui de la nouvelle source, qui, tirée des environs de Garches, près de la porte Jaune, a été amenée au bassin des vingt-quatre jets, peut être évalué à la mesure moyenne de 14 pouces fontainiers.

La grande cascade du dessin de Lepautre a 56 mètres de face sur autant de pente, jusqu'à l'allée du Tillet, qui la sépare de la basse cascade. Les statues à demi couchées représentent la *Seine* et la *Loire;* celles des extrémités, *Hercule* et des *Faunes.*

La basse et nouvelle cascade, placée à la chute de la grande, a été construite sur les dessins de J. Hardouin-Mansard.

Après la cascade, le *grand jet* réclame l'admiration des visiteurs. Il s'élance à **27** mètres de hauteur. Il est situé sur la droite des cascades, au milieu du grand bassin carré orné de dix petits bassins en coquilles et de neuf fontaines d'où l'eau jaillit par des masques dorés.

Citons, en courant, les *goulottes*, formées de plusieurs jets d'eau qui tombent dans une rigole de plomb, et le petit bassin aux trois bouillons.

Le *Labyrinthe* et le *Parnasse* sont ornés de bassins et de fort beaux arbres.

Le *Pavillon de Breteuil*, appelé sous l'empire le *Pavillon d'Italie*, fut construit sur l'emplacement du Trianon par le bailli de Breteuil. Sous Louis-Philippe, il servait de résidence au comte de Montalivet, intendant de la liste civile.

La *Lanterne de Démosthène*, à laquelle le vulgaire et même certains auteurs ont donné à tort le nom de *Diogène*, est un monument élégant placé sur la plate-forme du point le plus élevé qui domine la Seine.

Cette blanche colonne, qui date du consulat, s'aperçoit de très-loin. Voici son origine :

Pendant son séjour en Turquie, M. de Choiseul-Gouffier avait fait copier à Athènes le monument connu sous le nom de *Lanterne de Démosthène*, et les plâtres avaient été envoyés à Paris.

Le modèle fut rendu en terre cuite par les frères Trabuchi, et il figura à l'exposition de 1802, où il valut à ses auteurs la médaille d'argent... Denon signala ce travail au Premier Consul, qui fit bâtir, exprès pour y placer l'œuvre des deux frères, l'obélisque dont la vue offre de loin un aspect si pittoresque. La lanterne de Démosthène était allumée chaque soir pendant le séjour de Napoléon Ier à Saint-Cloud.

Énumérer toutes les fêtes données dans les jardins de Saint-Cloud, ce serait entreprendre un travail de bénédictin ; nous n'en citerons qu'une, à cause de son côté original et pittoresque. C'est celle qui a eu lieu à l'occasion du baptême du roi de Rome.

La journée avait été magnifique ; mais vers le soir, au moment où l'on venait d'illuminer un simulacre du palais projeté pour l'enfant roi, en face de la grande cascade, tout à coup un

orage, qui s'était amoncelé lentement, éclata
sur la tête de la foule innombrable répandue
dans les allées du parc.

Il y avait là des députations de toutes les villes
de l'Empire, qui s'étendait alors de Rome à Cux-
haven ; les hommes portaient de riches uniformes
de velours, les femmes, des manteaux de soie
brodés. L'Empereur causait en ce moment sur
le seuil de la porte du salon servant de communication avec le jardin. Il avait auprès de lui le
maire de Lyon.

— Monsieur le maire, lui dit-il, je vais faire
gagner vos manufactures.

Cela dit, il resta debout au milieu de la porte,
et, nul n'osant franchir cette auguste barrière,
il y eut pour quelques millions d'étoffes mises
hors de service par la pluie.

Marie-Louise elle-même resta exposée à la
première averse, et ce fut à grand'peine que
le prince Aldobrandini, qui lui donnait le bras,
put lui procurer un parapluie.

Sous la Restauration, Heurtot planta, sur la

montagne de Montretout, dans la plus belle vue et la plus admirable exposition, le jardin qui reçut tout à la fois le double nom de *Montretout* et de *Trocadéro*.

Il était destiné aux promenades du jeune duc de Bordeaux, et il se trouvait relié aux appartements du deuxième étage qu'habitait le prince par une légère passerelle jetée au-dessus d'une large allée.

Avant de dire adieu au parc, rapportons une historiette qui date de la princesse Palatine. A peine venait-elle de succéder à la malheureuse Henriette d'Angleterre, qu'une étrange nouvelle se répandit dans Saint-Cloud; feu *Madame* revenait ! C'est dans son bosquet favori que le fantôme était apparu à un laquais qui était mort de frayeur après avoir raconté les faits et gestes de l'apparition. Bientôt dames et gentilshommes personne n'osa plus s'aventurer le soir dans le bosquet maudit.

Plus éclairée, la nouvelle duchesse d'Orléans, croyant peu aux fantômes, se fit suivre d'un capitaine des gardes, et après quelques minutes d'attente, se trouva en présence du spectre. C'était une malheureuse vieille femme qui se vengeait, dit-elle, de l'insolence des courtisans à son égard pendant le jour, en leur faisant peur la nuit. La princesse Palatine rit fort de l'aventure et ne permit pas que l'on punît ce singulier épouvantail.

Nous ne pouvons nous décider à quitter le parc sans revenir sur ses deux merveilles, les *cascades* et le *grand jet*.

« Qui n'a vu Séville n'a rien vu, » disait un proverbe ; qui n'a vu jouer le *grand jet* et les *cascades* n'a pas admiré tout ce qui est admirable en ce monde.

Les *cascades*, encadrées dans une architecture pleine de goût, offrent aux regards un tableau que la plume est impuissante à peindre. Les eaux s'y précipitent d'étage en étage, jaillissant en écume blanche, étincelant de mille reflets sous le feu des lumières ou du soleil. Le spectacle en est vraiment magique ; il suffirait seul à justifier la renommée des jardins de Saint-Cloud et l'empressement du public les jours de fête.

LE PETIT PARC

—

CHASSE

———

Marie-Antoinette fit clore et dessiner le petit parc, assez bien disposé pour la chasse.

Charles X, fervent disciple de saint Hubert, venait, chaque été, goûter les prémices du tir, loin des murmures de l'opposition. Au mois de juillet 1830, il habitait Saint-Cloud, et presque chaque jour il se rendait, soit dans le petit parc, soit à Marly.

Le 26 juillet 1830, à six heures du matin, le Roi chassait dans cette dernière résidence ; c'est là qu'il devait faire un suprême adieu à ses chasses de France.

FIN

TABLE DES MATIÈRES

FIN DE LA TABLE

1868. — Paris, imp. de Poupart-Davyl et Comp., rue du Bac, 30.

www.ingramcontent.com/pod-product-compliance
Lightning Source LLC
LaVergne TN
LVHW051112060726
842525LV00003B/884